Karl Koldewey

Die erste deutsche Nordpolar-Expedition im Jahre 1868
mit zwei Originalkarten und einer Chromolithographie

ISBN/EAN: 9783744603300

Hergestellt in Europa, USA, Kanada, Australien, Japan

Cover: Foto ©Andreas Hilbeck / pixelio.de

Weitere Bücher finden Sie auf **www.hansebooks.com**

Germania das Schiff der Deutschen Nordpolar Expedition 1868

DIE
ERSTE DEUTSCHE NORDPOLAR-EXPEDITION
IM JAHRE 1868.

BESCHRIEBEN VON

K. KOLDEWEY.

MIT EINEM VORWORT VON A. PETERMANN.

MIT ZWEI ORIGINALKARTEN UND EINER CHROMOLITHOGRAPHIE.

(ERGÄNZUNGSHEFT No. 28 ZU PETERMANN'S „GEOGRAPHISCHEN MITTHEILUNGEN".)

GOTHA: JUSTUS PERTHES.
1871.

INHALT.

Vorwort von A. Petermann.

	Seite		Seite
Kapitän Osborn's Anregung und Plan zu einer neuen Englischen Expedition nach den Polar-Regionen, 23. Januar 1865	III	Erreichung der Ostgrönländischen Küste von Deutschen Walfischfahrern	VII
A. Petermann's Bestrebungen seit 1863	III	Versammlung in Gotha 11. und 12. Oktober 1866. Aufstellung des Planes zu einer Deutschen Nordpolar-Expedition	VII
Die Erforschung der kalten Zone mit geringeren Opfern verknüpft als die der heissen Zone	IV	Versammlung des Nationalvereins in Cassel 10. und 11. November 1866 und Verfügung über 166.560 Gulden. Ablehnung, die Deutsche Nordfahrt zu unterstützen	VII
A. Petermann's Beschluss, eine Deutsche Nordpolar-Expedition ins Werk zu setzen, sein von Osborn's Vorschlag verschiedener Plan erfährt gerade in England grosse Anerkennung und Zustimmung	IV	Dr. F. Oetker's Unterstützung. Lieutenant Weyprecht's Offerte	VII
Admiral Lütke's Ansicht über das Meer bei Nowaja Semlä	V	A. Petermann's Beschluss, auf alleiniges Risiko eine Expedition auszurüsten	VII
Geographische Versammlung in Frankfurt 23. Juli 1865 zur Veranstaltung einer Deutschen Nordfahrt. Kapitän Werner's Unternehmen	X	Die Deutschen Expeditionen nach Afrika. Beiträge für die Nordpolar-Expedition	VIII
Die Preussische Regierung. Die Österreichische Geographische Gesellschaft	XI	Ausrüstung, Verlauf und Resultate der Ersten Deutschen Nordpolar-Expedition	VIII
Versammlung in Gotha 17. Dezember 1865. K. Preussische Kommission in Berlin 18. Januar 1866	VI	Vortheile von A. Petermann's Plan über denjenigen Osborn's erwiesen	IX
Das Preussische Abgeordnetenhaus. Aufruf des F. D. Hochstiftes an die Deutsche Nation April 1866	VI	Die Isothermen des Nordmeeres. Die Aufnahmen in Nordost-Spitzbergen	IX
A. Rosenthal in Bremerhaven und die Dampfkraft in der Grossfischerei	VI	Deutsche Namen auf der Landkarte	X
		Ergebnisse arktischer Forschungen seit 1868	X

Bericht von K. Koldewey.

	Seite		Seite
1. Ursprung der Expedition. Plan. Abreise nach Bergen	1	7. Vortheile eines kleinen Schiffes. Beschluss über den ferneren Kurs. Schwerer Sturm. Temperatur- und Windverhältnisse. Nord-Spitzbergen. Moffen-Insel. Zusammentreffen mit Walrossjägern. Sturm. Bei Kap Foster. Fahrt durch die Hinlopen-Strasse	37
2. Ankunft in Bergen. Ankauf des Schiffes, Verzimmerung und Ausrüstung desselben. Wissenschaftliche Instrumente, Bestimmung der Lokalattraktion. Mannschaft. Abfahrt von Bergen	4		
3. Von Bergen nach Jan Mayen und bis an das Grönländische Eis. Treibholz. Golfstrom	8	8. Die Augusta-Bucht und ihre Umgebung. Kapitän Tobiesen. Gillis-Land und die Eisverhältnisse. Walrossjagd. Die Gletscher bei der Augusta-Bucht. Versuch, ostwärts vorzudringen. Zu Anker bei der Wilhelm-Insel	43
4. Beschreibung des Eises. Erstes Eindringen in dasselbe. Schwerer Sturm aus Osten. Im Eise besetzt. Eisbärenjagd. Besuch vom Boote der „Diana". Befreiung	13		
5. Am Eise entlang zurück nach Norden bis 75½ Grad. Zusammentreffen mit den Walfischfahrern. Fahrt nach Spitzbergen. Farbe des Meeres. Versuche, Gillis-Land von Süden zu erreichen. Landung an der Westküste von Spitzbergen	20	9. Die Bastian-Inseln. Lage und Beschaffenheit des Eises. Umgebung von Thumb Point. Die Bismarck-Strasse; die Gezeiten daselbst. Sturm aus Osten. Rückkehr nach der Augusta-Bucht. Erreichung der Breite von 81° 5' N.	49
6. Bel-Sund. Anlaufen des nördlichen Packeises. Zusammentreffen mit dem Schiffe „Jan Mayen". Abermalige Versuche, die Grönländische Küste zu erreichen	28	10. Rückreise. Allgemeine Resultate. Schlussbemerkungen	53

Karten und Ansicht:

Titelbild: „Germania", das Schiff der Deutschen Nordpolar-Expedition, 1868.
Tafel 1: Originalkarte der 1. Deutschen Nordpolar-Expedition, 1868. Nach dem Tagebuche K. Koldewey's construirt von A. Petermann. Maassstab 1 : 5.000.000.
Tafel 2: Die Aufnahmen der 1. Deutschen Nordpolar-Expedition in Nordost-Spitzbergen, August & September 1868. Nach der Zeichnung und Beschreibung K. Koldewey's, so wie nach den Schwedischen und Englischen Aufnahmen zusammengestellt von A. Petermann. Maassstab 1 : 400.000.

Vorwort von A. Petermann.

Vor nunmehr 6 Jahren regte der verdiente Englische Seefahrer Kapitän Sherard Osborn die Erforschung der arktischen Regionen, die seit Dr. Hayes' Rückkehr im Oktober 1861, also über drei Jahre lang, geruht hatte, unter grosser Sympathie der Englischen wissenschaftlichen und nautischen Welt von Neuem an. Es geschah diess am 23. Januar 1865 in einem Vortrage, gehalten in der Versammlung der Königlichen Geographischen Gesellschaft von London, unter dem Vorsitz von Sir Roderick I. Murchison. Er hob dabei vor Allem die verhältnissmässige Geringfügigkeit der Gefahren und Opfer hervor, die bei Polar-Expeditionen zu fürchten sind. 36 Jahre lang, von 1818 bis 1854, waren diese Forschungen im gegenwärtigen Jahrhundert von England unablässig betrieben worden, zu Schiff, zu Boot und zu Schlitten, und von den 42 verschiedenen auf einander folgenden Expeditionen war nur eine einzige, die von Franklin, verloren gegangen, von den circa 100 Auxiliar-Schlitten-Expeditionen keine. „Man zeige mir", sagte Osborn, „auf dem Erdkreis Entdeckungen von gleicher Grösse oder in der Geschichte ein gleich schwieriges Werk, die mit geringeren Opfern an Menschenleben durchgeführt wären. Innerhalb vier Jahre wurden den Haifischen weit mehr Matrosen vorgeworfen, die bei dem Dienst in China und an den Afrikanischen Küsten Krankheiten erlagen, als je auf den 30jährigen arktischen Expeditionen starben."

Kapitän Osborn's Plan einer neuen Englischen Expedition, und zwar zur Erreichung des Nordpols, war: mit zwei kleinen Schraubendampfern die Baffin-Bai hinauf bis Smith-Sund und so weit wie möglich darüber hinaus zu fahren, von da aber, wo man zu Schiffe nicht weiter würde vordringen können, den Rest des Weges zu Boote oder zu Schlitten zurückzulegen. Er wies dabei auf die grossen Strecken hin, welche Englische Expeditionen in den Jahren 1853 bis 1859 zu Schlitten auf einmal zurückgelegt hätten, so z. B.:

Richards und Osborn	1093 nautische Meilen	
Young	1150	„ „
Mecham	1157	„ „
Mecham (ein anderes Mal)	1203	„ „
M'Clintock	1220	„ „
M'Clintock (ein anderes Mal)	1330	„ „

Sir Leopold M'Clintock, der erfahrenste jetzt lebende arktische Reisende, der 7 Winter und 10 Sommer in den arktischen Regionen zugebracht hat, sprach sich dahin aus, dass es ganz gut möglich sei, eine Schlittenreise auf 1500 Meilen auszudehnen, das seien aber 500 Meilen mehr, als man bedürfe, um von dem vorgeschlagenen Ausgangspunkt Kap Parry, nördlich von Smith-Sund, nach dem Pol und zurück zu kommen.

So weit Kapitän Osborn und die Englischen Geographen [1]). — Es erschien mir, allein schon in meinen Beziehungen zur Königlichen Geographischen Gesellschaft von London und in meiner Stellung als Herausgeber eines angesehenen Deutschen Geographischen Journals, doppelte Pflicht, diese Bestrebungen zur Erforschung unserer Erde zu sekundiren und nach Kräften fördern zu helfen. Hier sollte ein Erdraum von mindestens 140.000 Deutschen Quadratmeilen, grösser als ganz Australien, erforscht, unzählige Probleme und Räthsel gelöst werden. Dazu kamen mein früheres Interesse für diese Gebiete und Erinnerungen an meinen Aufenthalt in England, wo ich seit 1845 das Glück hatte, mit den Koryphäen der geographischen Wissenschaft und Entdeckungen persönlich bekannt zu sein, und durch Herausgabe einer Reihe von Aufsätzen und Schriften über die Geographie und Erforschung der Polar-Regionen seit Januar 1852 auch öffentlich mein werkthätiges Interesse für diesen Theil der Erdkunde bezeugt hatte.

Schon seit dem Jahre 1863 suchte ich gerade auch bei meinen Deutschen Landsleuten Interesse für die Polar-Regionen zu erwecken, bei Gelegenheit der Publikation einer erschöpfenden Arbeit über die Kartographie, Geographie und Entdeckungs-Geschichte der Südpolar-Regionen [2]), aber es bedurfte einer langen Zeit, um den „Stein auszuhöhlen", wie Dr. Oscar Peschel, der Geschichtschreiber geographischer Entdeckungen, sich ausdrückte [3]).

---

[1]) S. Proc. R. G. S. IX, pp. 42 ff., u. Geogr. Mitth. 1865, SS. 95 ff.
[2]) Karte der Südpolar-Regionen, No. 42 in Stieler's Hand-Atlas, neue Ausgabe, und Geogr. Mitth. 1863, SS. 407 ff. (Kapitel IV, SS. 425—428, handelt von der „zukünftigen Erforschung der antarktischen Regionen", und auf S. 428 ist meine Ansprache an die Deutschen Vertreter der Wissenschaft.)
[3]) Ausland, 8. Oktober 1870, S. 983.

Ich unterstützte die Bestrebungen der Englischen Geographen mit um so grösserer Bereitwilligkeit, weil ich mit ihren Ansichten in allen wesentlichen Punkten übereinstimmte, vor Allem in Bezug auf das Wünschenswerthe solcher Forschungen und die verhältnissmässige Geringfügigkeit der damit verbundenen Gefahren und Menschenopfer. Sind die gebildeten Kreise damit einverstanden, dass wir die Erde, die uns zum Wohnsitz angewiesen ist, kennen zu lernen suchen, so ist es sicherlich wünschenswerth, Erdräume von resp. 140.000 und 396.000 Deutschen Quadratmeilen[1]) zu erforschen, gleichviel, ob dieselben in der kalten oder in der heissen Zone gelegen sind. Und sind etwa die heissen Erdräume leichter zu erforschen als die kalten? Die Entdeckungsgeschichte giebt genügende Antwort darauf. Auch Kapitän Osborn hat diese Frage speziell beantwortet in Bezug auf Englische Seefahrer und Forschungsreisende. In meinem Vortrag, gehalten in der Geographischen Versammlung zu Frankfurt a. M. am 23. Juli 1865, erörterte ich sie in Bezug auf Deutsche Forscher und bemerkte, dass seit Jahrzehnten unsere Entdeckungsreisenden sich, als Regel, Einer nach dem Anderen, in dem Innern der gefahrvollsten Continente, ganz besonders in Afrika, hinmorden lassen, sei es von dem fanatischen Einwohnern, sei es von dem tödtlichen Klima[2]), während dergleichen Gefahren und Opfer bei arktischen Expeditionen höchstens nur als seltene Ausnahme vorkommen. So war die bisherige Ansicht, und die neueste Erfahrung hat sie durchaus bestätigt. Nehmen wir z. B. die beiden ersten Deutschen Nordpolar-Expeditionen, 1868/70, so sind sämmtliche Theilnehmer derselben, im Ganzen 43 Personen, gesund und wohl wieder zurückgekehrt, mit Ausnahme eines einzigen Kranken, trotzdem dass ein Drittheil, die Mannschaft der „Hansa", die furchtbarsten Schicksale und Gefahren zu überstehen hatte, die einer solchen Expedition unter den ungünstigsten Verhältnissen überhaupt wohl zustossen können. Nehmen wir dagegen z. B. Afrikanische Unternehmungen, so blieb von der unter Richardson &c. unternommenen Expedition nur Barth am Leben, während Richardson, Overweg, Vogel erlagen. Um letzteren zu suchen oder sein Schicksal aufzuklären, gingen sieben andere Forscher aus: Heuglin, Steudner, Munzinger, Kinzelbach, Hansal, Schubert, Beurmann, — von ihnen liessen drei ihr Leben: Steudner, Schubert, Beurmann, nachträglich noch Kinzelbach. Andere Unternehmungen, wie das Decken'sche, traf ein noch schlimmeres Loos.

Das Europäische Nordmeer bis zum Pol und die dazu gehörigen Landgebiete liegen uns näher als das Innere des schwarzen Continents, und ihre Erforschung hat für uns Deutsche vielleicht mehr Werth als die Wüste Sahara, der Tsad-See, der Kilimandscharo und andere Afrikanische Objekte. Und weshalb sollten sich Deutsche Forscher und Seeleute nicht eben so gut an der Lösung des grössten noch übrig gebliebenen geographischen Problems versuchen, als an der Erforschung von Afrika und anderen Erdtheilen?

Solche Betrachtungen und Gründe erfüllten mich, als ich die angeregte Erforschung der Nordpolar-Regionen nach Kräften zu fördern mich anschickte. Ich beschloss zu versuchen, eine Deutsche Nordpolar-Expedition zu Stande zu bringen und mit Beharrlichkeit so lange zu arbeiten, bis mir diess gelungen sein würde. Ich sprach dieses Vorhaben öffentlich schon am 3. März 1865 aus, und um dasselbe ernsthaft und systematisch zu betreiben, wandte ich mich zunächst an das wissenschaftliche Publikum Deutschlands, das durch seine grosse Theilnahme und Unterstützung alle ähnlichen Deutschen Unternehmungen in den letzten Decennien ermöglicht hatte. Zuerst richtete ich zwei offene Sendschreiben vom 9. Februar und 3. März 1865 in Englischer Sprache an Sir Roderick Murchison[1]), den hochverdienten Präsidenten der Königlichen Geographischen Gesellschaft in London, und liess dieselben gleichzeitig in Deutscher Sprache in den „Geographischen Mittheilungen" erscheinen[2]).

Während ich den wesentlichen Punkten des Englischen Projektes, dem Zweck und Ziel, zustimmte, konnte ich dem Plane zur Erreichung derselben nicht beitreten. Nach Kapitän Osborn's Plan sollte die neue Expedition — wie fast sämmtliche Expeditionen dieses Jahrhunderts — westlich von Grönland nach Norden gehen. Ich schlug als Basis und Ausgangspunkt das so zu sagen vor unserer Thür liegende, von Ostgrönland bis Nowaja Semlä sich erstreckende Europäische Nordmeer vor, wie ich diess schon seit 1852 wiederholt zur Beachtung empfohlen hatte.

Mein Plan fand in England so viel Berücksichtigung, dass drei weitere Versammlungen der Königlichen Geographischen Gesellschaft darauf verwandt wurden, um über meinen und Osborn's Plan in erschöpfendster Weise zu berathen. Noch nie war einem Gegenstande so viel Aufmerksamkeit und Zeit gewidmet als diesem, dem von den 14 jährlichen Versammlungen der Gesellschaft vier eingeräumt wurden; an den Berathungen und Diskussionen nahmen die ersten wissenschaftlichen und nautischen Autoritäten Englands Theil, u. a. Back, Belcher, Collinson, Crawfurd, Davis, Donnet, Dufferin, Fitzroy, Hamilton, Hickson, Inglefield, Lamont, Lubbock, Markham, Maury,

---

[1]) Das unerforschte Gebiet der arktischen Central-Region beträgt 140.000, das der antarktischen 396.000 Geogr. Meilen (s. Geogr. Mitth., Erg.-Heft Nr. 16, Tafel 1).
[2]) S. Geogr. Mitth., Erg.-Heft Nr. 16, S. 8.

[1]) Autographirt, Gotha 9. Februar und 3. März 1865, letzteres begleitet von 3 Kartenskizzen. (S. auch Proc. R. G. S. IX, pp. 90 & 114 ff.) — [2]) Geogr. Mitth. 1865, SS. 99 & 137 ff.

Murchison, Ommanney, Osborn, Owen, Richards, Sabine, Young; alle diese berühmten und verdienten Männer sprachen sich mehr oder weniger eingehend über den Gegenstand aus, es war so zu sagen ein grosses arktisches wissenschaftliches Tournier, und da die Mehrzahl zu den erfahrensten Polarreisenden gehörte, so wurden die interessantesten und werthvollsten Mittheilungen zu Tage gefördert[1]). Eine Englische Nordpolar-Expedition kam dadurch nicht zu Stande, vielleicht gerade deshalb, weil die Ansichten getheilt waren, wohl aber ermuthigte mich das Resultat dieser Verhandlungen, in meinen Bemühungen fortzufahren, da nicht bloss meinen Ansichten grosse Anerkennung und Zustimmung geschenkt wurde, sondern die maassgebenden Autoritäten sich auch überwiegend zu meinem Plan bekannten. Ganz besonders hielten diese das Meer zwischen Spitzbergen und Nowaja Semlä der Beachtung werth, und Admiral Lütke, durch seine vierjährigen Reisen in den Jahren 1821—24 der erste lebende Kenner dieses Meeres, stimmte ebenfalls meinen Ansichten zu, indem er mir am 29. August 1865 schrieb: — — „Ich theile vollkommen Ihre Ansicht hinsichtlich der Direktion, die dabei einzuschlagen ist. Unsere Akademie so wie die Geographische Gesellschaft haben sich ebenfalls in diesem Sinne ausgesprochen. Der misslungene Versuch, den ich selbst vor einigen 40 Jahren gemacht, zwischen Nowaja Semlja und Spitzbergen nach Norden vorzudringen, beweist Nichts, weil mein Schiff keineswegs zu einem entschiedenen Vordringen in die Eismassen eingerichtet war und es überhaupt nicht der Zweck der Expedition war; vor allen Dingen aber, weil man jetzt hat, was uns alten Seeleuten nicht zu Gebote stand, — nämlich Dampfkraft auf Seeschiffe angewandt"[2]).

Ich durfte somit annehmen, dass mein Plan die überwiegende Zustimmung der maassgebendsten nautischen und geographischen Autoritäten erlangt hatte.

Um die Angelegenheit weiter zu fördern, publicirte ich zunächst ausser den erwähnten Mittheilungen über die Londoner Verhandlungen und meinen Sendschreiben an die Königliche Geographische Gesellschaft eine Abhandlung „Der Nordpol und Südpol, die Wichtigkeit ihrer Erforschung in geographischer und kulturhistorischer Beziehung; mit Bemerkungen über die Strömungen der Polarmeere", nebst „Karte der Arktischen und Antarktischen Regionen, zur Übersicht der geographischen Standpunktes im Jahre 1865, der Meeresströmungen &c."[3]) Ich übergehe hier alle Details über diese und andere nachfolgende Publika-

tionen und Schriften und erwähne nur, dass obige Abhandlung das Interesse für die Sache in Deutschland bedeutend anregte und u. a. Herrn Dr. O. Volger und das von ihm gegründete Freie Deutsche Hochstift in Frankfurt veranlasste, sich der Sache warm anzunehmen und „zur Veranstaltung einer Deutschen Nordfahrt" eine Geographische Versammlung nach Frankfurt a. M. auf den 23. Juli 1865 zusammen zu berufen.

In dieser Versammlung suchte ich die Ausführung einer kleinen Recognoscirungsfahrt nach Spitzbergen und dem Meere östlich davon bis Nowaja Semlä noch für die Monate August, September, Oktober 1865 anzuregen, nach Art der Schwedischen Expeditionen und der Fahrten von Löwenigh & Keilhau in 1827, Lamont in 1859, Birkbeck und Newton in 1864 u. a., ganz neuerdings der von Th. v. Heuglin und Graf Zeil im Jahre 1870, die nur etwa 1200 Thaler kostete und verhältnissmässig sehr bedeutende Resultate hatte[1]). Es wurde indess in der Frankfurter Versammlung behauptet, dass eine Recognoscirungsfahrt wie die von mir vorgeschlagene für 6 Wochen mindestens 20.000 Thlr. kosten würde, und von der Veranstaltung derselben noch für das laufende Jahr überhaupt abgerathen[2]).

Darauf suchte ich eine solche Fahrt in beschränkter Weise, nur mit einem kleinen Norwegischen Segelschiffe, zu Stande zu bringen und sicherte am 30. Juli 1865 demjenigen Deutschen Seemanne, der noch in den übrigen Sommermonaten dieses Jahres eine Segelfahrt von Hammerfest in nordöstlicher Richtung unternähme und die Strömungsverhältnisse zwischen Spitzbergen und Nowaja Semlä recognosciren würde, einen Preis von 1000 bis 2000 Thlr. zu[3]).

In Folge dessen unternahm Kapitän Werner eine solche Fahrt und zwar mit einem Dampfer, deren Gesammtkosten für 6 bis 8 Wochen etwa 7000 Thlr. betragen sollten. Sie ging am 31. August von Hamburg ab, kam aber schon am nämlichen Tage noch im Elbe-Strom durch eine „Störung in der Maschine" zum Stillstand. Durch dieses erste Unternehmen gerieth, wie mir nachher von verschiedenen Seiten mündlich und schriftlich versichert wurde, die ganze Sache einstweilen in Misskredit, und es wurde nun guter Rath theuer.

Und doch musste die Sache wieder vorwärts. Denn nur durch andauerndes Interesse und durch nachhaltige

---

[1]) S. Proc. R. G. S. Vol. IX, pp. 47—70, 88—103, 115—125, 137—181. (Kurze Mittheilungen aus diesen ausführlichen Verhandlungen s. Geogr. Mitth. 1865, SS. 136 ff.)
[2]) Geogr. Mitth., Erg.-Heft Nr. 16, Spitzbergen &c., S. 16.
[3]) Geogr. Mitth. 1865, SS. 146 ff. und Tafel 5.

[1]) Geogr. Mitth. 1870, SS. 337 ff., 422 ff., 443 ff.; 1871, Heft 2, SS. 57 ff.
[2]) Geogr. Mitth., Erg.-Heft Nr. 16, mein Vortrag SS. 1 ff., Andeutung über die Verhandlungen S. 12. (Ausführlich s. die Frankfurter Verhandlungen in: Amtlicher Bericht über die erste Versammlung Deutscher Meister und Freunde der Erdkunde in Frankfurt a./M. im Heumonat 1865. Herausgeg. von dem geschäftsleitenden Vorsitzenden derselben. Preis 1 Thlr., zu Gunsten der Deutschen Nordfahrt. Frankfurt a./M. Verlag des F. D. Hochstiftes, Leipzig, F. A. Brockhaus, 1865.)
[3]) A. a. O. SS. 12—14.

Arbeit kann eine solche Aufgabe gelöst werden. Ich reiste nun zunächst im September nach Kiel, um die Unterstützung des Herrn Admiral Jachmann anzusprechen, und wandte mich dann nach Berlin an die Herren Staatsminister Graf von Bismarck und von Roon, um zu erfahren, ob von der K. Preussischen Regierung Unterstützung für die Sache zu hoffen sei. Am 15. November 1865 hatte ich die Ehre, in Berlin dem K. Preussischen Minister-Präsidenten Graf von Bismarck und dem Kriegs- und Marine-Minister General von Roon die Angelegenheit persönlich zu unterbreiten; beide Herren Minister empfingen mich in der allerzuvorkommendsten und theilnehmendsten Weise und sprachen sich günstig über das Projekt und für eine Unterstützung Seitens der K. Preussischen Regierung aus.

Inzwischen hatte sich bereits am 24. Oktober die K. K. Geogr. Gesellschaft in Wien an die K. Österreichische Regierung mit der Bitte gewandt, dem Unternehmen ihre vollste Unterstützung angedeihen zu lassen; am 14. Dezember kam jedoch der Bescheid, dass für das Jahr 1866 die K. Österreichische Regierung nicht in der Lage sein würde, dem Antrage auf Hergeben eines Schiffes für die projektirte Nordpolar-Expedition zu entsprechen, und da von der K. Preussischen Regierung noch kein bestimmter Bescheid eingegangen war, berief ich am 9. Dezember eine Versammlung hervorragender Freunde des Unternehmens auf den 17. Dezember nach Gotha.

Dieser Versammlung wohnten bei die Herren Koner und Maurer aus Berlin, Liévin aus Danzig, Stübel aus Dresden, Weissenborn aus Erfurt, Volger aus Frankfurt a./M., Harkort aus Hombruch, Behm, Henneberg, Hopf, A. Perthes, J. Perthes, Petermann aus Gotha, Carus und Lange aus Leipzig. Bei einer eingehenden Besprechnng der Sachlage einigte man sich dahin, die Ausführung der Expedition von der Preussischen Regierung zu erhoffen und einstweilen die eigene Thätigkeit darauf zu beschränken, das Interesse für die Sache auf alle Weise rege zu erhalten.

Am 22. Dezember wurde von dem Herrn Kriegs- und Marine-Minister von Roon zur Feststellung der Aufgaben und der Bedürfnisse der Expedition eine Commission dekretirt, die am 18. Januar 1866 und folgenden Tagen im Marine-Ministerium in Berlin unter dem Vorsitz des Herrn Contre-Admiral Jachmann zusammentrat und der auch ich beizuwohnen die Ehre hatte. Ehe jedoch die eingeleiteten Verhandlungen zur Vorbereitung einer Entschliessung der K. Preussischen Regierung beendigt waren [1]), brach der 1866er Krieg aus.

Es waren zwar noch vorher von zwei anderen Seiten Anstrengungen gemacht worden, um die Angelegenheit zu fördern, indem 1) im Januar 1866 dem Abgeordnetenhause in Berlin von Herrn Fr. Harkort eine Petition aus der Grafschaft Mark überreicht wurde, in welcher der Antrag gestellt war, das Hohe Haus möge die K. Staatsregierung auffordern, die von mir angeregte Nordfahrt im Interesse der Marine entweder direct in die Hand zu nehmen oder wenigstens kräftig zu unterstützen [1]), 2) das Freie Deutsche Hochstift im April 1866 einen Aufruf an die Deutsche Nation zur Ausrüstung und Aussendung einer Deutschen Nordfahrt erliess [2]); — allein die Expedition blieb unausgeführt.

Der Krieg wurde zu Ende gebracht, ein neues Jahr, 1867, brach an, es eröffnete sich keine Aussicht auf die Verwirklichung des Projektes. Inzwischen suchte ich meinerseits dasselbe unausgesetzt zu fördern, z. B. auch durch Publikation einer Reihe eingehender Arbeiten über die bisherigen Resultate der Erforschung der arktischen Regionen, da mit Ausnahme des v. Middendorff'schen Werkes über das Taimyr-Land noch wenig in dieser Richtung geschehen war [3]).

War von Anfang an Alles angestrengt worden, die seefahrenden Kreise an der Deutschen Nordseeküste für das Projekt zu interessiren, so beschloss ich jetzt, mich noch einmal persönlich an dieselben zu wenden. Der unternehmende Rheder Herr A. Rosenthal in Bremerhaven hatte in jenem Jahre, am 14. März 1867, seinen neuerbauten Dampfer „Albert" auf den Walfischfang und Robbenschlag nach Norden gesandt, das erste eigens dazu erbaute Dampfschiff, das von Deutschland aus zu diesem wichtigen Seegewerbe benutzt wurde, nachdem die Schottische Stadt Dundee seit 1858 die Dampfkraft überhaupt bei der Grossfischerei eingeführt hatte [4]). Da die Walfischfänger und Robbenschläger stets nach Jan Mayen und weiter gegen die Ostküste Grönlands ihren Kurs richten,

---

[1]) Geogr. Mitth. 1866, SS. 77 ff.
[2]) Geogr. Mitth. 1866, SS. 144 ff. (Ich habe bei dieser Gelegenheit über die verschiedenen Phasen, die die Angelegenheit bis Ende April durchlaufen, eingehend berichtet, auch über das grosse Interesse, welches die wissenschaftliche Welt dafür gezeigt; und u. a. in einem Aufsatz, betitelt „Arktische Korrespondenz", eine Zusammenstellung werthvoller „Auszüge aus Briefen gewichtiger Gewährsmänner an A. Petermann über die Geographie und Erforschung der arktischen Central-Region" gegeben, s. Geogr. Mitth. 1866, SS. 27 ff.)
[3]) Ich führe aus dieser Periode bloss an: 1) Dr. A. Petermann, Das nördlichste Land der Erde, eine Abhandlung über die Entdeckungsgeschichte und die allgemeinen geographischen und kartographischen Resultate der Expeditionen von 1616 bis 1861 unter Bylot, Baffin, Ross, Inglefield, Kane, Hayes (Geogr. Mitth. 1867, SS. 159 ff., mit 6 kartographischen Darstellungen); 2) J. Spörer, Nowaja Semlä in geographischer, naturhistorischer und volkswirthschaftlicher Beziehung; eine umfangreiche Monographie mit 2 Karten (Geogr. Mitth., Ergänzungsheft Nr. 21). — Ich publicirte besonders diese Arbeit unter dem frühesten, in der Annahme, dass bei dem Zustandekommen einer Deutschen Expedition Nowaja Semlä zuerst berührt werden würde.
[4]) S. Der Walfischfang und die Robbenjagd im Europäischen Eismeere (Geogr. Mitth. 1867, SS. 413 ff.).

---

[1]) S. die beiden Schreiben der Herren Minister von Roon und von Bismarck (Geogr. Mitth. 1866, S. 146).

so hoffte ich, dass in Verbindung und auf der Basis dieser Fahrten vielleicht für die Erschliessung von Ostgrönland, seine wissenschaftliche Erforschung und ein Vordringen von dieser Küste gegen den Nordpol Etwas würde geschehen können [1]), und um darüber mündlich Rücksprache zu nehmen und persönliche Verbindungen anzuknüpfen, beschloss ich, Dr. Breusing, Direktor der Steuermannsschule in Bremen, und Herrn A. Rosenthal in Bremerhaven aufzusuchen, zwei Männer, die sich für das Projekt einer Deutschen Nordfahrt stets warm interessirt hatten. Ich reiste daher Mitte September 1867 nach Bremen und Bremerhaven und fand bei beiden Herren das regste Interesse für das Projekt und alle Bereitwilligkeit, dasselbe zu unterstützen.

Bei dieser Gelegenheit kannte ich u. a. auch die Ansicht zweier der erfahrensten Walfischfahrer an der Unter-Weser, Kapitän Haake in Vegesack und Kapitän Westermeyer in Leesum-Bruch, über die Schifffahrt an der Küste von Ostgrönland einholen. Ersterer hatte schon im Juli 1831 an jener Küste in etwa 74° N. Br. eine Landung effektuirt und das Meer in einer Breite von 3 Deutschen Meilen längs der Küste frei und ohne Eis gefunden; letzterer sprach sich dahin aus, dass sich die Küste mit einem Dampfer jedes Jahr, mit einem Segelschiff wohl ein Jahr ums andere erreichen liesse, eine Ansicht, die sich auch als richtig erwiesen hat.

In Folge meiner persönlichen Anregungen in Bremen und Bremerhaven fand am 11. und 12. Oktober in Gotha abermals eine Zusammenkunft statt, zu der sich als nautische Sachverständige Dr. Breusing und Herr Rosenthal, als Kandidaten wissenschaftlicher Mitglieder der projektirten Expedition Dr. Dorst und Dr. Buchholz einfanden. Bei dieser Zusammenkunft wurden alle Seiten und Details des Unternehmens berathen und ein bestimmter Plan aufgestellt, „der nicht, wie bei allen bisherigen Projekten und Expeditionen, ein *einseitiger* war, sondern von drei Hauptgesichtspunkten ausging und nach allen menschlichen Berechnungen einen sichern, grossen und umfangreichen Erfolg versprach" [2]). Der so aufgestellte Plan umfasste eine Land-Expedition, eine See-Expedition und eine Überwinterung. Die Land-Expedition sollte die Ostküste Grönlands erschliessen und von 75° N. Br. so weit nach Norden vordringen als möglich; ich betonte schon damals, dass die bisherigen äusserst mageren Nachrichten von dieser wenig bekannten Küste „auf ganz merkwürdige und ungewöhnliche Verhältnisse schliessen liessen" [3]). Die See-Expedition sollte „*in der ganzen Breite des Europäischen Nordmeeres, zwischen Grönland und Nowaja Semlä*" operiren und da nach Norden vordringen, wo sich das Meer am schiffbarsten und am meisten frei von Eis erwiese. Die Kosten des ganzen Unternehmens wurden auf 60.000 Thlr. berechnet.

Zur Erlangung dieser Summe wurde die meiste Hoffnung auf den Nationalverein gesetzt, der in seiner Versammlung in Cassel am 10. und 11. November den Rest der im Deutschen Volke gesammelten Flottengelder im Betrage von 106.580 Gulden zu vergeben hatte, Gelder, die zur Creirung einer Deutschen Flotte unter Preussischer Führung, mithin zur Hebung des Deutschen Seewesens gesammelt waren. Eine Deutsche Entdeckungs-Expedition zur See würde ebenfalls im letzteren Sinne wirken, so wurde angenommen, der Nationalverein aber würde seine Thätigkeit mit einem Werke schliessen und krönen, welches vor der ganzen Welt leuchten und in der Geschichte fortleben würde.

Ich reiste daher im November nach Cassel, um in der Versammlung des Nationalvereins im obigen Sinne zu wirken, wurde auch hierin aufs Wärmste von Dr. Breusing unterstützt. Die ganze Summe wurde jedoch für eine Invaliden-Stiftung bestimmt, der Nationalverein übergab sie dem Königl. Preussischen Marine-Ministerium und dieses überwies sie der bereits bestehenden Marine-Stiftung „Frauengabe Elberfeld".

So war abermals eine Hoffnung zu Grabe getragen worden und die Ausführung einer Deutschen Nordfahrt schien mehr als je in weite Ferne gerückt zu sein. Ich war jedoch nicht Willens, die Sache abermals im Sande verlaufen zu lassen und die drei Jahre unausgesetzter Bemühungen und Arbeit, die ich ihr bereits gewidmet, umsonst gebracht zu haben; ich beschloss vielmehr, Alles einzusetzen und allein vorzugehen. Ich fand dabei eine Ermuthigung in der freundlichen Offerte des Herrn Dr. Friedrich Oetker, Mitglieds des Nationalvereins, der mir unter lebhaftem Bedauern über den Casseler Beschluss am 24. November 1867 die Summe von 500 Thlr. als Beitrag zur Ausrüstung einer Expedition versprach.

Ich beschloss, auf mein alleiniges Risiko zunächst eine kleinere Expedition auszurüsten. Einer der frühesten Freunde der Sache, der Seeoffizier K. Weyprecht aus dem Städtchen König im Odenwald, hatte sich bereits am 28. März 1866 erboten, mit einer Summe von etwa 3000 Gulden oder 2000 Thaler eine Expedition auszurüsten und auszuführen, die in einem Norwegischen Fahrzeug von Tromsö oder Hammerfest ausgehen, während der Dauer von 5 Monaten in Spitzbergen Forschungen anstellen und das Meer zwischen Spitzbergen und Nowaja Semlä unter-

---

[1]) Wie auch Dr. Dorst auf Rosenthal's Dampfer „Bienenkorb" im Jahre 1869 unausgesetzt 6 Monate lang (vom 21. Februar bis 31. August) in diesem Gebiet gearbeitet hat. (S. Geogr. Mitth. 1869, SS. 350 ff., 391 ff.)
[2]) Geogr. Mitth. 1868, S. 210.
[3]) Geogr. Mitth. 1868, S. 210.

suchen sollte [1]). Dass mit einer derartigen bescheidenen Summe eine tüchtige, wenn auch kleine Expedition für 4 oder 5 Sommermonate ausgeführt werden könne, dafür hatte ich genügende Belege, besonders in den ausgezeichneten Schwedischen Expeditionen, die seit 1858 wiederholt nach Spitzbergen ausgesandt waren und bei bescheidenen Kosten die wichtigsten Ergebnisse gehabt hatten [2]).

Die für eine solche kleinere Expedition nöthigen Geldsummen wollte ich versuchen durch öffentliche Sammlungen bei Fürst und Volk gedeckt zu erhalten. Schon mehr als einmal waren Deutsche geographische Unternehmungen auf diese Weise ermöglicht worden, z. B. die Afrikanischen Reisen von Heuglin, Steudner, Munzinger, Kinzelbach, Hansal, Schubert, Beurmann, Rohlfs von 1860 bis 1867, die mit dem Betrage einer in 1860 von Gotha aus veranstalteten Sammlung von 22.428 Thlr. Grosses geleistet hatten.

Da Lieutenant Weyprecht sich genöthigt sah, zurückzutreten, so übergab ich Herrn Obersteuermann K. Koldewey, den mir Dr. Breusing warm empfohlen hatte, mit vollem Vertrauen die Führung der von mir ins Werk gesetzten Expedition.

Das ist die kurze Andeutung der Geschichte der ersten Deutschen Nordpolar-Expedition vom 9. Februar 1865, dem Datum meines ersten Schreibens an Sir Roderick Murchison, Präsidenten der Königl. Geographischen Gesellschaft in London, bis zum 27. Februar 1868, dem Datum meines Schreibens an den Obersteuermann K. Koldewey in Göttingen, um ihm die Führung der von mir ins Werk gesetzten Expedition anzutragen. Von hier aus findet sich der weitere Verlauf zum Theil in dem nachfolgenden Bericht enthalten; nur einige kurze Bemerkungen seien mir noch gestattet.

Vor Allem gebührt den Freunden und Gebern Dank für ihre Unterstützung und Beiträge. Wie schon oben erwähnt, brachte die erste Gabe Dr. Fr. Oetker in Cassel, der 500 Thlr. beisteuerte, die ich Herrn K. Koldewey schon am 5. März 1868 für seine persönlichen Ausgaben übersandte. Am 20. Mai erliess ich einen öffentlichen Aufruf zu Beiträgen, aber schon lange vorher, wie nur die erste Andeutung ruchbar wurde, dass eine Deutsche Nordfahrt ausgerüstet werden sollte, kamen von verschiedenen Seiten Beiträge, die, weil früh und unerbeten, um so erfreulicher waren: Ihre Majestät die Königin von Preussen überschickte schon am 14. April 100 Thlr., Herr A. Rosenthal in Bremerhaven am 20. April 150 Thaler, der Grossherzog von Mecklenburg-Schwerin am 3. Mai 550 Thlr.; die erste Gabe von einem wissenschaftlichen Verein kam am 6. Mai aus Kiel, vom Verein für Geographie und Naturwissenschaften (80 Thlr.), die Verlagshandlung Justus Perthes, die bereits der Werner'schen Expedition 1000 Thlr. gewidmet, gab abermals 500 Thlr.; aber der grösste Beitrag, 5000 Thlr., kam von Seiner Majestät König Wilhelm von Preussen bereits am 13. Mai, während die Expedition erst am 24. Mai von Bergen aus in See ging. Nach meinem Aufruf am 20. Mai flossen Beiträge von allen Seiten, u. a. 500 Thlr. von Robert M. Sloman in Hamburg am 4. Juni, 3184 Thlr. von Dr. Breusing (dessen Sammlung in Bremen und aus London) am 25. Juli &c. Über sämmtliche bis zum 1. April 1869 eingegangene Beiträge habe ich in einer ausführlichen öffentlichen Quittung quittirt, die in 2750 Exemplaren an fast sämmtliche einzelne Geber direkt übersandt worden ist. Eine vollständige Abrechnung, einschliesslich meines Antheils an der 2. Deutschen Nordpolar-Expedition, werde ich demnächst in einem der Monatshefte dieser Zeitschrift veröffentlichen, in denen auch bereits die Quittungen über meine Sammlungen für diese letztere publizirt wurden.

Auch besonders der ganzen Deutschen Presse, die das Unternehmen von Anfang an in der freundlichsten Weise unterstützt hat, ist die Deutsche Nordfahrt-Angelegenheit grossen Dank schuldig.

Die Kosten der ganzen Expedition wurden anfänglich von Koldewey auf 5340 Thlr. berechnet, sie stellten sich später, besonders auch durch den Ankauf des Schiffes und Ausbau desselben, bedeutend höher, auf das Dreifache. Wenn ich auch am 1. April bereits eine Anleihe von 3000 Thlr. zu machen hatte und durch den Ankauf und die grösseren Kosten am 5. Mai weitere 5000 Thlr. aufzunehmen genöthigt wurde, so zögerte ich doch keinen Augenblick, als es sich am 9. April darum handelte, meine Einwilligung zum Kauf des von Koldewey gewünschten Schiffes zu geben und die nöthigen Geldsummen zu schaffen, weil er dasselbe als ein ausserordentlich zweckmässiges Schiff zu dergleichen Fahrten schilderte und ich deshalb überzeugt war, dass sich dasselbe auch später, nach der Rückkehr dieser ersten Expedition, stets zu Deutschen nautisch-wissenschaftlichen Unternehmungen würde benutzen lassen, und dass für diese daher durch den Erwerb des Schiffes eine Basis für die Zukunft geschaffen würde.

Die Theilnahme und pekuniäre Unterstützung meines Unternehmens erwies sich allmählich so bedeutend, dass ich für den Überschuss meiner Geldsammlung sogar den Dampfer für die zweite Expedition bauen lassen konnte [1]).

---

[1]) Geogr. Mitth. 1866, SS. 157, 158.
[2]) Z. B. kostete das Fahrzeug der Expedition von 1864, der „Axel Thordsen", incl. 3 Boote für 4 Monate nur 525 Thlr. (s. Die Schwedischen Expeditionen, Deutsche Ausgabe bei H. Costenoble, S. 385).

[1]) Geogr. Mitth. 1870, S. 261.

Die Bestimmung der ersten Expedition, Zweck und Ziel derselben, sind in meiner Instruktion vom 6. Mai 1868 ausführlich ausgesprochen [1]).

Was den Verlauf und die Resultate dieser ersten Deutschen Forschungs-Expedition zur See anlangt, so verweise ich auf den nachfolgenden Bericht und die beiden Karten. Solche Resultate erhalten indess oft nur in Verbindung mit anderen Beobachtungen ihre volle Bedeutung und im Vergleich mit denselben den Maassstab ihres Werthes; indem ich schon bei anderer Gelegenheit einige der Resultate besprochen habe [2]), behalte ich mir die Diskussion anderer vor und will jetzt nur eine kurze Bemerkung über die Hauptsache in der ganzen Angelegenheit machen. Osborn's Plan betraf das Vordringen nach Norden westlich von Grönland, mein Plan östlich davon, auf der Basis und in der ganzen Breite des Europäischen Nordmeeres von Grönland bis Nowaja Semlä. Schon diese erste Expedition hat zur Genüge dargethan, dass die Basis meines Planes Vortheile bietet wie kein anderer Meerestheil in denselben Breiten. Der westlichste von Koldewey erreichte Punkt ist in 17° 22′ W. L. Gr. (73° 24′,8 N. Breite), der östlichste in 23° 27′ Ö. L. Gr. (75° 38′ N. Breite), also ein Längenabstand von 40° 57′, mithin einem Neuntel der ganzen Erd-Peripherie, das mit ziemlicher Leichtigkeit durchsegelt wurde. *Westlich* von Grönland würde diess in demselben Grade unmöglich sein, und auch in dem antarktischen Meere sind diese Breiten nur erst zweimal erreicht worden. Die höchste erreichte Breite ist 81° 4′ N. und zwar wurde dieselbe noch am 14. September ohne Schwierigkeit erreicht, wobei es nicht einmal darauf abgesehen war, auf hoher See bis zu einer grossen Polhöhe vorzudringen; westlich von Grönland oder irgend anderswo auf der ganzen Erde als eben in diesem unserem Europäischen Nordmeere, der Basis meines Planes arktischer Forschungen, ist eine solche Breite zu Schiff noch niemals erreicht worden.

Ebenso haben die seit 1868 ausgeführten Deutschen Expeditionen überhaupt, so wie die Schwedischen, Norwegischen und Russischen Fahrten erwiesen, dass ausgedehnte Küstenstriche von Ostgrönland, Ost-Spitzbergen, Ost- und Nord-Nowaja Semlä zugänglich, weite Meerestheile schiffbar sind, die man sich bisher mit ewigem und festem Eise erfüllt dachte; ferner, dass diese Gebiete der Erforschung werth sind und dass sie — z. B. Ost-Grönland mit seinen tiefen Fjords, arktischen Montblancs, seiner interessanten Thier- und Pflanzenwelt — ungeahnte Naturmerkwürdigkeiten und Forschungsgebiete von hohem Interesse bergen.

Die Vortheile meines Planes gegenüber dem Englischen von Osborn u. a. haben sich also jetzt schon in genügendem Maasse herausgestellt.

Der Inhalt des folgenden Berichtes findet manche Ergänzung durch die beiden Kartenblätter; das kleinere Blatt (Tafel 2) bringt die neuen Landesaufnahmen, mit denen es der Expedition beschieden war die Geographie zu bereichern, erschöpfend, das grössere Blatt (Tafel 1) den genauen Kurs der ganzen Expedition von Bergen aus und zurück. Auf diesem Blatt ist die Ausdehnung des Eises sorgfältig und ebenfalls vollständig dargestellt, die Sondirungen, das Vorkommen von Treibholz, die Meeresströmungen in ihrer Richtung und Stärke, endlich die Temperatur-Beobachtungen des Meeres an der Oberfläche und in verschiedenen Tiefen.

Bezüglich der Meerestemperatur ist festzuhalten, dass die sich kreuzenden oder dicht neben einander laufenden Kurse sehr verschiedenen Jahreszeiten, — Frühjahr, Sommer, Herbst, betreffen, dass einmal die Kurse des Mai und September, ein ander Mal die des Juni und August, ein drittes Mal Juli und September &c. zusammenfallen. Um daher nicht ein unwissenschaftliches Phantasiegemälde zu geben, ist vermieden worden, auf Grund der Temperatur-Beobachtungen zusammenhängende Isothermen zu construiren, die sich doch nur zum Theil auf das Frühjahr, den Sommer und Herbst beziehen, also weder Jahres- noch Jahreszeit-, noch Monats-Isothermen sein würden. Seit beinahe einem Viertel-Jahrhundert verlangt die Wissenschaft Monats-Isothermen; schon Humboldt, der die Meteorologie zuerst im Jahre 1817 mit Jahres-Isothermen bereichert hatte, erkannte die Unzulänglichkeit derselben zu Darstellungen der Temperatur-Verhältnisse, und schon im Jahre 1848 publicirte Dove seine Monats-Isothermen. Ich habe die Monats-Isothermen vom Mai, Juni, Juli, August, September so weit gezogen, wie sich das auf einer solchen Karte mit sich vielfach kreuzenden Beobachtungslinien mit einiger Berechtigung thun lässt.

So fragmentarisch diese Stücke von Isotherm-Linien sind, so zeigen sie in unverfälschter Weise nicht bloss das Resultat jener Beobachtungen an und für sich, sondern auch in den verschiedenen Zeitperioden während der Dauer der Expedition, also den Gang der Meeres-Temperatur in den betreffenden Theilen des Nordatlantischen Oceans vom Mai bis September. Es ist daraus ersichtlich, dass z. B. von Bergen bis Jan Mayen oder etwa 60° bis 71° N. Br., der durchschnittliche Temperatur-Unterschied der Meeresoberfläche zwischen beiden Monaten 2° bis 3° betrug. im Mai rangirte die Temperatur von 7°,7 im Süden (NNO. der Shetland-Inseln) bis 0°,0 vor Jan Mayen, im September dagegen von 10° an der Norwegischen Küste bis 5°,0 auf 71° N. Br., oder nach den Tagesmitteln der Temperatur-Beobachtungen betrug die Meeres-Temperatur am 25. Mai, dem Tage der Abreise von Bergen, 6°,8, am 29. September, dem Tage der Rückkehr, 9°,9, am 30. Mai vor Jan Mayen 1°,3, am 23. September in den Breiten vor Jan Mayen 4°,5 R.

Im September reicht die Isotherme von 2° noch bis zum 81° N. Br., die von 3° bis 80½° N. Br. In der

---

[1]) Geogr. Mitth. 1868, SS. 214 ff.
[2]) S. z. B. Geogr. Mitth. 1870, SS. 142—144: Das Relief des Eismeer-Bodens bei Spitzbergen (mit 1 Karte), und SS. 201—264: Der Golfstrom und Standpunkt der thermometrischen Kenntniss des Nord-Atlantischen Oceans und Landgebietes im Jahre 1870 &c. (mit 7 Karten).

Höhe des Sommers, im Juli, setzt der Polarstrom der Bären-Insel mit grosser Kraft nach Westen, drängt den Spitzbergen'schen Golfstrom-Arm zurück und bewirkt die tiefen Einbuchtungen im Eise an der Ostgrönländischen Küste in der Breite zwischen 74° und 76° N. Br., auch wohl weiter südlich, wie ich dieses bei einer anderen Gelegenheit bereits spezieller ausgeführt habe [1]).

Doch, wie schon gesagt, behalte ich mir eine weitere Diskussion dieser und anderer Beobachtungen der Expedition vor. Einstweilen lässt die Kolorirung des Kurses der Expedition den Gang der Temperaturen in den verschiedenen Monaten nach den einzelnen Beobachtungen und stellenweise — wo der Raum dazu mangelt — nach den Tagesmitteln deutlich übersehen.

Bezüglich des gegenwärtigen Standes der sogenannten Polarfrage und der Resultate neuester arktischer Forschungen und Beobachtungen verweise ich auf einen Aufsatz mit zwei Karten im 3. diesjährigen Heft der „Geographischen Mittheilungen".

Was die bei den neuen Aufnahmen der Tafel 2 nothwendig gewordenen und eingeführten Namen anlangt, so sei erwähnt, dass sie in Gemässheit der bei Aussendung der Expedition von mir aufgestellten Bestimmungen [2]) gewählt worden sind, indem ich das Hauptobjekt der Aufnahme, die auf 79° N. Br. belegene grössere Insel, nach Seiner Majestät dem König von Preussen „Wilhelm-Insel", die in das Nordost-Land einschneidende grössere Bucht nach Ihrer Majestät der Königin „Augusta-Bucht" benannt habe. Nachdem ich seit 32 Jahren auf allen durch meine Hand gehenden Karten mit neuen Entdeckungen und Aufnahmen nur immer fremde Namen einzutragen hatte, wie „Victoria", „Wellington", „Smith", „Jones" &c. &c., gereicht es mir zur Befriedigung, auch einmal einige Namen derjenigen Nation in die Landkarte einschreiben zu können, die in geographischen Bestrebungen gegenwärtig hinter keiner anderen Nation zurücksteht.

Wie nun auch die Ergebnisse der ersten beiden Deutschen Nordfahrten beurtheilt werden mögen, so viel steht fest, dass ich wohl berechtigt bin, zu hoffen, dass mit der ersten von mir und auf mein alleiniges Risiko unternommenen Expedition eine neue Epoche in der Erforschung dieser Theile unserer Erde begonnen hat, die nicht bloss die Aussicht verspricht, dass das grösste noch übrig gebliebene geographische Problem endlich in unserer Zeit gelöst werden wird, nachdem über 300 Jahre lang die Seeleute und Männer der Wissenschaft vieler Nationen daran gearbeitet haben, sondern, dass auch bereits die Resultate der beiden Deutschen Expeditionen [3]), der Arbeiten von Dr. Dorst [4]) und Dr. Bessels [1]) auf Herrn Rosenthal's Dampfern „Albert" und „Bienenkorb", der Expedition von Heuglin und Graf Zeil [2]), der Schwedischen [3]), Norwegischen [4]) und Russischen Fahrten [5]), Untersuchungen und Beobachtungen, — in ihrer Gesammtheit einen Fortschritt in der Kenntniss unserer Erde im Lichte der modernen Wissenschaft bezeichnen, wie ihn keine frühere Periode auf dem Forschungsgebiete des hohen Nordens aufzuweisen hat.

 c. Die Arbeiten von Dr. Dorst auf dem Rosenthal'schen Dampfer „Bienenkorb". (Geogr. Mitth. 1869, SS. 214 ff.)
 d. Die Temperatur-Beobachtungen von Dr. Dorst im Grönländischen Meere. (Geogr. Mitth. 1869, SS. 214 ff.)
 (Der ausführliche Bericht von Dr. Dorst harrt noch der Publikation.)

[1]) a. Fahrt des Dampfers „Albert" 23. Mai bis 22. September 1869. (Geogr. Mitth. 1869, SS. 351 ff.)
 b. Die Arbeiten von Dr. Bessels auf dem Rosenthal'schen Dampfer „Albert". (Geogr. Mitth. 1869, SS. 391 ff.)
 c. Die Temperatur-Beobachtungen von Dr. Bessels zwischen Spitzbergen und Nowaja Semlä. (Geogr. Mitth. 1870, SS. 215 ff.)
 (Der ausführliche Bericht von Dr. Bessels harrt noch der Publikation.)

[2]) a. Fahrt nach Spitzbergen von Th. v. Heuglin und Graf Zeil. (Geogr. Mitth. 1870, SS. 337 ff.)
 b. Th. v. Heuglin's und Graf Zeil's Forschungen in Ost-Spitzbergen, Juli und August 1870. (Geogr. Mitth. 1870, SS. 422 ff.)
 c. Th. v. Heuglin's und Graf Zeil's Forschungen in Ost-Spitzbergen, August und September 1870. (Geogr. Mitth. 1870, SS. 445 ff.)
 d. Die Vogel-Fauna im Hohen Norden. Ornithologische Notizen aus Finmarken und Spitzbergen, von Th. v. Heuglin, niedergeschrieben am Bord des Schoners „Skjon Valborg", September und Oktober 1870. (Geogr. Mitth. 1871, Heft 2, SS. 57 ff.)

[3]) a. Die Schwedische Nordpolar-Expedition von 1868. (Geogr. Mitth. 1868, SS. 226 ff.)
 b. Die Schwedische Nordpolar-Expedition von 1868. (Geogr. Mitth. 1868, SS. 238 ff.)
 c. Die Schwedische Nordpolar-Expedition, 20. Juli bis 14. September 1868. (Geogr. Mitth. 1868, SS. 429 ff.)
 d. Die Schwedische Nordpolar-Expedition, 15. September bis 20. Oktober 1868. (Geogr. Mitth. 1868, SS. 453 ff.)
 e. Das Relief des Eismeer-Bodens bei Spitzbergen. Nach den Tiefsee-Messungen der Schwedischen Expedition unter Nordenskjöld und v. Otter, 1868. Mit Karte. (Geogr. Mitth. 1870, SS. 142 ff., und Tafel 8.)
 f. Professor A. E. Nordenskjöld's Expedition nach West-Grönland, Mai bis Juli 1870. (Geogr. Mitth. 1870, SS. 423 ff.)

[4]) a. Kapitän E. H. Johannesen's Fahrt im Karischen Meere 1869 und Stand der Polarfrage im Jahre 1870. Mit Karte. (Geogr. Mitth. 1870, SS. 194 ff., und Tafel 11.)
 b. Kapitän E. H. Johannesen's Umfahrung von Nowaja Semlä im Sommer 1870, und Norwegischer Finnwalfang östlich vom Nordkap. Von Th. v. Heuglin. (Geogr. Mitth. 1871, Heft 1, SS. 35 ff.)
 c. Aufsatz und zwei Karten s. im 3. Heft Geogr. Mitth. 1871.

[5]) a. Russische Nordpolar-Forschungen, 1869 und 1870 (Expedition des Grossfürsten Alexij Alexandrowitsch in der Kaiserlichen Corvette „Warjäg", 1870. — Th. Jarshinski's geographische Untersuchungen im Weissen Meere und an der Murman-Küste, 1869). (Geogr. Mitth. 1870, SS. 451 ff.)
 b. Der Golfstrom ostwärts vom Nordkap. Vom Ehrenmitgliede der Akademie der Wissenschaften zu St. Petersburg, A. von Middendorff. (Geogr. Mitth. 1871, Heft 1, SS. 25 ff.)
 (Über die Englische Expedition des Herrn Lamont habe ich handschriftliche Mittheilungen, die ich bei Gelegenheit publiciren werde.)

Gotha, 18. Januar 1871.   A. Petermann.

---

[1]) Geogr. Mitth. 1870, S. 226.
[2]) S. §. 27 der Instruktion (Geogr. Mitth. 1868, S. 217).
[3]) a. Instruktion und Geschichte der 2. Deutschen Nordpolar-Expedition. (Geogr. Mitth. 1870, SS. 254 ff.)
 b. Rückkehr der Deutschen Nordpolar-Expedition am 1. und 11. September 1870. (Geogr. Mitth. 1870, SS. 382 ff.)
 c. Die Deutsche Nordpolar-Expedition vom 15. Juni 1869 bis 11. Sept. 1870. Mit Karte. (G. Mitth. 1870, SS. 408 ff., u Tafel 21.)
[4]) a. Nachrichten aus dem Eismeere von Dr. Dorst auf Herrn A. Rosenthal's Dampfer „Bienenkorb" 21. Februar bis 9. Mai. (Geogr. Mitth. 1869, SS. 234 ff.)
 b. Fahrt des Dampfers „Bienenkorb" 21. Februar bis 31. August 1869 (Geogr. Mitth. 1869, SS. 350 ff.)

1. Ursprung der Expedition. Plan. Abreise nach Bergen.

Am 28. Februar 1868 erhielt ich in Göttingen, wo ich dem Studium der Astronomie oblag, ganz unerwartet ein Schreiben von Dr. Petermann, worin mir derselbe das ehrenvolle Anerbieten machte, das Commando einer kleinen, nach der Ostküste von Grönland auszusendenden Entdeckungsfahrt zu übernehmen. Zu einer näheren Besprechung und Feststellung eines vorläufigen Planes wurde ich zu gleicher Zeit eingeladen, am 1. März nach Gotha zu kommen.

Schon im Sommer 1867 hatte mir Dr. Breusing, Direktor der Steuermannsschule in Bremen, mein hochverehrter Lehrer, von einer in Aussicht genommenen grösseren Deutschen Nordpolar-Expedition gesagt und mich zugleich gefragt, ob ich an derselben, wenn sie zu Stande käme, wohl Theil nehmen würde. Mich an einem derartigen wissenschaftlichen Unternehmen zur See zu betheiligen, welches so sehr geeignet ist, unseren Deutschen Seemannsstand zu heben und Deutschland im Auslande auch auf diesem Gebiete Achtung und Geltung zu verschaffen, war schon immer mein sehnlichster Wunsch gewesen und ich gab solches auch Dr. Breusing zu erkennen, mit dem Bemerken, er könne unter allen Umständen, so fern ich Leben und Gesundheit behielte, sicher auf mich rechnen. Auf diese Äusserung hin erwähnte Dr. Breusing meiner in der Berathung, die zur Aufstellung eines Planes für die grosse Nordpolar-Expedition im Oktober 1867 bei Dr. Petermann in Gotha gehalten wurde.

Die Ausführung derselben scheiterte jedoch an der Unmöglichkeit, die nöthigen Geldmittel zu beschaffen; Dr. Petermann aber, der unermüdliche und uneigennützige Beförderer der geographischen Wissenschaft, gab die Sache nicht auf, sondern glaubte wenigstens einen Theil der projektirten grösseren Expedition, nämlich die Erforschung der Ostküste Grönlands von 75° N. Br. an, dem nördlichsten von Clavering erreichten Punkte, mit einem kleinen Schiffe und verhältnissmässig geringen Mitteln ausführen zu können. In Folge dessen schrieb er mir den oben erwähnten Brief.

Dr. Petermann's Plan war folgender: Ich sollte mich so bald wie möglich nach einem geeigneten Orte Norwegens begeben, eine Norwegische Jacht, wie sie für den Walross- und Robbenfang auf Spitzbergen gebraucht würden, chartern, dieselbe bemannen und ausrüsten und damit den Versuch machen, die Ostküste von Grönland in etwa 75° zu erreichen. Gelänge mir diess, so sollte ich die Küste weiter nördlich verfolgen und so weit wie möglich vorzudringen suchen, auf jeden Fall aber gegen den Herbst wieder nach Europa zurückkehren.

Im Falle eines wirklichen Gelingens leuchtete mir nun zwar der grosse Nutzen einer solchen Reise in nationaler wie in wissenschaftlicher Beziehung sofort ein und ich hielt es auch nach dem, was ich über Eisverhältnisse im Grönländischen Meere gelesen hatte und was Dr. Petermann mir noch von den Reisen Scoresby's, Sabine's und Clavering's mittheilte, keineswegs für geradezu unmöglich, selbst mit einem so kleinen Segelschiffe sich durch den Eisstrom durchzuarbeiten; indess hatte ich doch mancherlei Bedenken gegen einen solchen Plan und kannte als Seemann nur zu gut die ungeheueren Schwierigkeiten, die sich von allen Seiten der Ausführung entgegenstellen würden. Jedenfalls, so sagte ich Dr. Petermann, müsste das Fahrzeug, um überhaupt nur in das schwere Polareis eindringen zu können, vorher noch bedeutend verstärkt werden, und ich trennte mich von ihm mit dem festen Entschlusse und dem Versprechen, mich völlig dem Unternehmen zu widmen und, sobald ich mir die Sache gehörig überlegt hätte, mein Möglichstes für das Zustandekommen der Expedition zu thun, wenn nur die nöthigen Geldmittel herbeigeschafft werden könnten.

Bedenken und Hindernisse mancherlei Art stellten sich bald der Ausführung des obigen Planes entgegen.

Dr. Breusing, dessen Rath ich nun zuerst einholte, schrieb mir am 3. März: „Leider befürchte ich, dass an eine Ausführung für dieses Jahr doch nicht zu denken ist. Wären die Geldmittel vorhanden, so würde der Plan, wie Sie ihn mit Dr. Petermann verabredet haben, meine ganze Billigung finden, trotzdem Kapitän Geerken (einer der erfahrensten älteren Seekapitäne Bremen's) die gerechtesten Bedenken dagegen erhebt. Dieser meint: wenn Sie nach Tromsö oder Hammerfest gingen, so würde man Ihnen sofort die unverschämtesten Bedingungen stellen, die Sie schon genehmigen müssten, wenn Sie nicht ganz unverrichteter Sache wieder zurückkehren wollten. Die dortigen Jachten seien wohl zum Fischfange in der dort immer offenen und eisfreien See tauglich, könnten auch im Sommer wohl an der freien Küste von Spitzbergen ihre Robben- und Walrossschläger absetzen, seien aber durchaus nicht geeignet, um im Eise Gefahren zu bestehen [1]). Sie würden das Geld voraus bezahlen müssen, und wenn Sie dann einmal von der Norwegischen Mannschaft Opfer, Stra-

---

[1]) Hier befindet sich Kapitän Geerken völlig im Irrthum. Die Tromsöer Fahrzeuge, die in Spitzbergen den Walrossfang betreiben, sind eben so gut für die Eisfahrt verstärkt und mit einer Haut versehen wie unsere Grönlandsfahrer, wenn auch wohl im Allgemeinen nicht in dem Maasse, wie ich nachher unser Expeditionsschiff verstärkte. Ich habe während meines Aufenthaltes in Spitzbergen Gelegenheit gehabt, diese Schiffe kennen zu lernen. Sie dringen überall kühn

pazen oder gefährliche Unternehmungen verlangten, würde diese den Gehorsam verweigern. Was wollten Sie dann thun? Bei einem solchen Unternehmen bedürfe man Leute von der Kriegsmarine, die an sklavischen Gehorsam gewöhnt seien. Mit einem Segelschiffe sei es immer höchst gefährlich, ins Eis zu gehen, man wisse nicht, ob man wieder herauskomme. Ob Sie sich auf 2 Jahre ausproviantiren könnten? &c. &c.

„Ich meine, es hat hier vor Allem der Grundsatz Anwendung zu finden: „Wagen gewinnt, Wagen verliert, wer aber Nichts wagt, wird auch Nichts gewinnen." Da meinen denn freilich H. H. Meier, Noltenius &c., die eifrigsten Freunde der Nordpolfahrt, dass es immerhin doch oben so wahrscheinlich sei, dass diese mit unzureichenden Mitteln unternommene Expedition misslänge, und wenn das, so könne man die Hoffnung, im nächsten Jahre die eigentliche Nordfahrt zu Stande zu bringen, nur aufgeben. Eben weil es ihnen mit dieser Ernst ist, wollen sie für dieses vorläufige Unternehmen kein Geld hingeben.

„Wenn ich ein reicher Mann wäre, ich würde diese vorläufige Fahrt aus eigenen Mitteln bestreiten. Wenn sie auch kein weiteres Resultat hätte, als dass Sie, einer der für die definitive Fahrt designirten Offiziere, mit den Eisverhältnissen in den arktischen Gewässern vertraut werden, so ist das schon immer einige 1000 Thaler werth. Aber woher sie nehmen?"

Alle diese Bedenken waren vielleicht gerechtfertigt und verdienten wohl, in Überlegung gezogen zu werden. Ich liess mich indess dadurch nicht abschrecken und beharrte nach ruhiger Überlegung auf meinem Entschluss, die Sache zur Ausführung zu bringen.

Hauptsächlich in nationaler Beziehung schien mir das Unternehmen von zu grosser Wichtigkeit, wenn es auch einen noch so kleinen und bescheidenen Anstrich hatte und keine grossen Resultate erwartet werden konnten. Die Deutschen waren in Folge der früheren unglücklichen politischen Zerrissenheit gerade in nautischen Unternehmungen und Erforschungs-Expeditionen schmachvoll hinter allen Nationen Europa's zurückgeblieben, trotzdem wir eine so grosse Handelsmarine, die drittgrösste der ganzen Welt, und eine so zahlreiche und tüchtige seemännische Bevölkerung aufzuweisen haben. Der Verfall des einst so mächtigen Hansabundes, dessen Flotten im Stande waren, den übrigen Nationen Europa's Handelsgesetze vorzuschreiben, datirt sich von dem Augenblick an, als derselbe aufhörte, sich bei den grossen Entdeckungsfahrten thatkräftig zu betheiligen, und daher dürfen wir jetzt nach dem glorreichen Jahre 1866, wo der Grundstein zur neuen Grösse und Einigung unseres Deutschen Vaterlandes gelegt wurde, auch in nautischen Unternehmungen nicht mehr zurückstehen.

Solcher Art waren meine Gedanken und die Haupttriebfedern, die mich über alle Bedenken und Hindernisse hinwegsetzten, obgleich ich alle Schwierigkeiten wohl zu würdigen verstand und als Seemann wusste, dass wohl keine sehr grossen Entdeckungen mit so geringen Mitteln, wie sie mir zur Verfügung gestellt wurden, würden gemacht werden können. Indess bei einer so kleinen, auf das äusserste Maass beschränkten Expedition waren immerhin auch die kleinsten Ergebnisse ehrenhaft; die Wissenschaft war jedenfalls der gewinnende Theil, und was sehr wichtig war: wir sammelten werthvolle Erfahrungen im Befahren der Eismeere, das Interesse bei der Nation wurde geweckt und eine zweite grössere Expedition konnte mit weit mehr Aussicht auf Erfolg ausgerüstet werden.

Was den Geldpunkt betraf, so vertraute Dr. Petermann auf den gesunden nationalen Sinn des Deutschen Volkes und seiner Fürsten, und war der Meinung, dass, wenn die Sache nur erst einmal ernstlich in Angriff genommen würde, und zwar so, dass möglicher Weise gute Resultate erzielt werden könnten, es auch nicht an den nöthigen Geldmitteln fehlen würde. Diese Hoffnung hat sich später in grossartiger Weise bewährt. Die übrigen Bedenken und Hindernisse waren nicht solcher Art, als dass sie sich nicht mit einiger Umsicht und geeigneter Leitung beseitigen liessen, und etwas musste man auch dem guten Glücke vertrauen. Wäre gar Nichts zu riskiren, es wäre wahrlich kein Verdienst bei der Sache.

Gegen Mitte März, am Schlusse des Semesters, begab ich mich nach Bremen, um die nöthigen Einleitungen und seemännischen Vorbereitungen zu treffen. Überall zog ich Erkundigungen ein und berieth mich mit sachverständigen Männern über die zweckmässigste Art und Weise der Ausrüstung, wie auch des Vorgehens bei der ganzen Sache. Bergen wurde als der Ausgangspunkt des Unternehmens gewählt, der Ankauf eines Schiffes und eine Verproviantirung auf ein Jahr in Aussicht genommen. Dadurch wurden die verschiedenen Bedenken von nautischen Gegnern Bremen's, wie z. B. Kapitän Geerken, beseitigt [1]). Durch den Ankauf des Schiffes erhielten wir auch das Recht, die

---

in die schweren Eismassen ein, da sie nur da ihren Fang machen können. K.
Bei der geringsten Kenntniss der einschlägigen Literatur weiss das auch Jeder, der nicht gerade ein alter erfahrener Seekapitän ist.
A. Petermann.

[1]) Es fand sich bei der wirklichen Ausführung, dass diese merkwürdige und übergrosse Ängstlichkeit von nautischen Sachverständigen, das Gegentheil von dem, was die Engländer „pluck" nennen, — durchaus ungerechtfertigt war, z. B. erwies sich die auf 12 Monate mitgenommene reiche Verproviantirung in der That nur für 4 Monate nothwendig. A. P.

Deutsche Flagge zu führen, konnten das Schiff mit Deutschen Seeleuten bemannen und dieselbe so verpflichten, dass an eine Verweigerung des Gehorsams durchaus nicht zu denken war; sodann war Bergen wegen seiner guten Zimmerwerften der geeignetste Ort in Norwegen, um das Schiff noch besonders für die Eisfahrt zu verstärken, und ebenfalls konnte die ganze Ausrüstung daselbst mit Leichtigkeit besorgt werden.

Noch ein wesentlicher Punkt war die telegraphische Verbindung mit Deutschland; ohne dieselbe wäre es bei der gebotenen kurzen Zeit eventuell gar nicht möglich gewesen, zur rechten Zeit unter Segel zu gehen.

Die Verproviantierung auf ein ganzes volles Jahr war, obgleich eine Überwinterung nicht in Absicht lag und auch vermieden werden musste, wenigstens in so fern von Nutzen, als dadurch ein grösseres Vertrauen bei der Schiffsmannschaft geweckt wurde und mit mehr Ruhe und Sicherheit das Doppelte riskirt werden konnte. Die Kosten steigerten sich allerdings nach diesem Plane um mindestens das Doppelte von dem, was zuerst veranschlagt worden war; indess vergrösserte sich auch in demselben Maasse die Wahrscheinlichkeit eines Gelingens oder wenigstens eines ehrenvollen Durchführens.

Unter der Beihülfe des Herrn Dr. Breusing gelang es mir, in Bremen ein reges Interesse für das Unternehmen zu erwecken, wodurch mir die weitere Ausführung wesentlich erleichtert wurde. Die Herren Fritze und Gerdes hatten die Güte, mir das wärmste Empfehlungsschreiben an eins der besten und geachtetsten Häuser Bergen's, nämlich an Aug. C. Mohr & Sohn, mitzugeben, und ich kann bei dieser Gelegenheit nicht umhin, besonders Herrn Consul Gerdes, der als geborener Bergener mit den dortigen Verhältnissen genau bekannt ist, für seine warme Empfehlung und die werthvollen Winke und Rathschläge, die er mir in Bezug auf Bergen gab, wie auch für seine späteren Bemühungen und thatkräftige Förderung der ganzen Angelegenheit meinen besonderen Dank auszusprechen. Herr Senator Smidt, dem ich für sein mir immer bezeigtes Wohlwollen zu grossem Danke verpflichtet bin und der das Unternehmen mit vielem Interesse verfolgte, war so freundlich, nach vorheriger Berathung mit den übrigen Herren der Commission den werthvollen Chronometer (Kessels 1334) der Steuermannsschule, der sich nachher auch gut bewährt hat, der Expedition leihweise zur Verfügung zu stellen; auch wurde ich von demselben mit einem weiteren Empfehlungsschreiben an den damaligen Bremer Consul in Bergen, Herrn Mowinkel, versehen. Auch von anderen Seiten wurde mir in Bremen Aufmunterung und Unterstützung zu Theil und thätige Beihülfe versprochen, im Fall sie ferner nöthig sein sollte.

Dr. Breusing unterstützte mich in mancher Beziehung. Als Offiziere empfahl er mir zwei seiner Schüler, die gerade damals die Steuermannsschule besuchten. Es waren Herr Hildebrandt aus Magdeburg und Herr Sengstacke aus Altona. Beide zeigten sich gleich begeistert für das Unternehmen und waren entschlossen, unentgeltlich aus reinem Interesse für die Sache die Reise mitzumachen. Ich engagirte sie und habe nachher keine Ursache gehabt, es zu bereuen. Beide, besonders Sengstacke, bewährten sich auf der Reise als tüchtige, unerschrockene Seeleute und ich habe an ihnen einen thätigen und unverdrossenen Beistand gehabt, der mir die Ausführung des Unternehmens wesentlich erleichterte. Mit Herrn Hildebrandt nahm ich sofort Rücksprache wegen der späteren Engagirung der Matrosen und aller übrigen zu besorgenden Angelegenheiten während der Zeit, dass ich in Bergen die Ausrüstung des Schiffes betrieb.

Nachdem so in Bremen das Nöthige besorgt und alle Vorbereitungen getroffen worden waren, begab ich mich nach Hamburg, um Rücksprache mit Herrn v. Freeden, Direktor der Norddeutschen Seewarte, zu nehmen und auch wegen etwaiger Überlieferung von Proviant und solchen Ausrüstungsgegenständen, die in Bergen nicht gut zu beschaffen waren, Verabredungen zu treffen. Herr v. Freeden, einer der eifrigsten und thätigsten Beförderer der nautischen Wissenschaften, nahm mich sehr freundlich auf und leistete mir sofort allen nur möglichen Beistand. Er besorgte mir die meteorologischen Instrumente und einen Apparat, um Tiefentemperaturen des Meeres zu messen. Ich wurde durch ihn mit mehreren Herren an der Börse bekannt gemacht, doch gelang es uns nicht, in Hamburg viel Interesse für das Unternehmen zu erwecken, was lediglich seinen Grund in der schon beim Beginne verunglückten Expedition des Kapitän Werner im Jahre 1865 hatte, von welcher Hamburger Häuser hauptsächlich die Kosten getragen hatten. Später jedoch, als man sah, dass die Sache wirklich vor sich ging, wurde auch das Interesse in Hamburg rege.

Wegen des Proviants wandte ich mich an Herrn Wilhelm Richers in Hamburg, der mir von früher her nicht allein als ein streng rechtlicher Kaufmann, sondern auch als ein liebenswürdiger und gefälliger Mann persönlich bekannt war. Er lieferte unserem Schiffe — ich war damals Steuermann auf einem Bremer Westindienfahrer — den Proviant für eine Reise nach Westindien und ich kann mit Wahrheit behaupten, dass ich niemals besseren Proviant am Bord eines Schiffes gehabt habe. Für unser Unternehmen war Herr Richers gleich Anfangs sehr eingenommen und er versprach mir, alle meine etwaigen Bestellungen auf das Pünktlichste zu besorgen und die Waaren in bester

1 *

Qualität zu liefern. Wegen Bezahlung brauchte ich mich nicht zu übereilen, er wolle gern so lange Credit geben, bis die Expedition wieder nach der Weser zurückgekehrt wäre. Er hat nicht allein sein Versprechen redlich gehalten, sondern sich auch anderweitig mit Einschiffung der Leute und dazu nöthig gewordenen Geldvorschüssen um die Expedition zuvorkommend gezeigt.

Von Hamburg aus begab ich mich noch einmal zu Dr. Petermann nach Gotha, um eine letzte Rücksprache mit ihm zu nehmen und die ganze Angelegenheit nach jeder Beziehung festzustellen und dienöthigen Geldmittel so wie das geographische und kartographische Material in Empfang zu nehmen. Der aufgestellte Plan war in Kurzem folgender: Von Bergen sollte direkt nach der Insel Jan Mayen gefahren, von dort an der Eisgrenze entlang gesteuert und zwischen 74° und 80° N. Br. irgendwo nach offenen Stellen gesucht werden, um einen Zugang zur Küste, wo möglich bei der Sabine-Insel, zu effektuiren. Einmal an der Küste, sollten alle Anstrengungen gemacht werden, so weit wie möglich nach Norden vorzudringen, ohne sich mit der speziellen und genauen Aufnahme und Erforschung des Landes zu sehr aufzuhalten, wozu doch, wenn diese erste Expedition glückte, eine zweite, besser ausgerüstete, ausgeschickt werden würde. Bei dieser vorläufigen, mehr pionirenden Fahrt kam es ja hauptsächlich nur darauf an, zu constatiren, in welcher Richtung und wie weit sich Grönland nach Norden erstrecke, weil davon hauptsächlich die dortigen Strömungen wie auch die klimatischen und Eis-Verhältnisse um den Nordpol herum abhängen werden. Aus diesem Grunde sollte auch kein Gelehrter mitgehen, der ohnedies in dem kleinen Schiffe wohl schwerlich Platz gefunden haben würde. Gelänge es nicht, die Küste von Grönland zu erreichen, so sollte wo möglich das östlich von Spitzbergen gelegene Gillisland aufgesucht werden; im Herbst sollte die Expedition aber jedenfalls nach Europa zurückkehren.

Dr. Petermann händigte mir zunächst die von ihm geliehene Summe von 3500 Thaler ein, und hiermit und den Empfehlungsschreiben von Bremen versehen, begab ich mich am 3. April an Bord des Norwegischen Dampfers „Trondhjem", um nach Bergen zu reisen und dort mein Glück zu versuchen.

2. Ankunft in Bergen. Kauf des Schiffes, Verzimmerung und Ausrüstung desselben. Wissenschaftliche Instrumente, Bestimmung der Lokalattraktion. Mannschaft. Abfahrt von Bergen.

Nach einer glücklichen Überfahrt kam ich am 9. April in Bergen an. Unterwegs hatte ich gehörig Zeit und Musse gehabt, mir den ganzen Plan, wie ich die Ausrüstung des Schiffes betreiben wollte, festzulegen, auch fing ich an, mir ein Verzeichnis aller nöthigen Gegenstände zu machen. Das war leicht und machte mir auch die geringste Sorge; der einzige Umstand, der mir am meisten Bedenken verursachte, war der, ob es mir gelingen würde, gleich ein geeignetes Schiff zu finden. Bei meiner Ankunft begab ich mich zu den Herren Aug. C. Mohr & Sohn, von denen ich aufs Freundlichste aufgenommen wurde und die mir die Mittheilung machten, es sei vor einigen Tagen eine ganz neue Jacht, gerade von der Grösse, wie ich sie haben wollte, zu einem Preise von 2600 Species zum Verkauf angeboten; wolle ich sie besehen, so solle einer ihrer alten Kapitäne, der lange mit Glück und Geschick für ihr Haus gefahren habe und jetzt die Aufsicht über ihre Schiffe führe, mit mir gehen. Nichts konnte mir erwünschter sein und ich begab mich sofort mit Herrn Bentzon — so hiess der Kapitän — zur Besichtigung des Schiffes. Von aussen gefiel mir dasselbe durch seine schöne und zierliche Bauart schon sehr und bei der näheren Besichtigung fanden wir, dass alles Holz gesund und das Schiff gut und stark gebaut war. Über die Segel- und Manövrirfähigkeit sprachen sich die Leute beim Befragen sehr lobend aus und sagten, dass das Schiff besonders scharf beim Winde liege und ausserordentlich gut lavire. Das Inventar war indess äusserst mangelhaft; ausser den nothdürftigsten Segeln und dem dazu gehörigen laufenden Tauwerke waren nur noch ein Paar Kabeltaue am Bord und jeder Anker hatte nur 45 Faden Kette. Eben so war Alles im primitivsten Zustande und überall, vorzüglich beim stehenden Tauwerke, rohe und oberflächliche Arbeit zu sehen; auch der Mast schien mir etwas zu jung[1]) zu sein. Diess war indess nicht von Belang, da alles Fehlende angeschafft und die nöthigen Ausbesserungen gemacht werden konnten.

Das Schiff nebst Inventar sollte 2500 Species-Thaler baar (3750 Thaler Conrant) kosten, und als ich wegen des Ankaufes an Dr. Petermann in Gotha telegraphirte, autorisirte mich derselbe umgehends per Telegramm dazu und nahm das ganze Risiko des Kaufes auf sich.

So hatte ich denn gleich am ersten Tage meiner Ankunft in Bergen für die Expedition ein Schiff gewonnen,

---

[1]) Dieser Ausdruck wird in der Seemannssprache häufig gebraucht bei allem Tauwerk, Ketten, Rundholz, welches nicht kräftig genug ist, um allen an dasselbe gestellten Forderungen überall Genüge leisten zu können.

wie es nicht besser gewünscht werden konnte, und damit war eigentlich die Hauptschwierigkeit [1]) überwunden und der weiteren Ausführung des Unternehmens standen keinerlei unübersteigliche Hindernisse mehr im Wege, sobald nur die nöthigen Geldmittel zur rechten Zeit herbeigeschafft werden konnten. Die Herren Aug. C. Mohr & Sohn leisteten mir unausgesetzt bereitwilligen Rath und Beistand, beim Ankauf des Schiffes sowohl wie bei dessen Ausbau und Ausrüstung.

Während ich mich nun mit einem Schiffsbaumeister wegen der Verzimmerung in Verbindung setzte, bei den verschiedenen Lieferanten und Handwerkern den grössten Theil der Ausrüstung an Proviant, Segel, Tauwerk &c. bestellte, um Alles zur rechten Zeit fertig zu haben, schrieb ich an Herrn Hildebrandt in Bremen, damit er die Matrosen engagire und Alles in Bereitschaft halte, um gegen Mitte Mai zu mir stossen zu können.

Am 16. April wurde das Schiff nach der Werft des Herrn Decke geholt, um die Zimmerung in Angriff zu nehmen. Es sollten zuerst innen etwa 3 Fuss unter den Deckbalken der ganzen Länge nach zwei starke Leibhölzer gelegt werden, dann im Buge verschiedene Kniee und Verstärkungen angebracht, mehrere Querbalken in der Höhe der Wasserlinie gelegt, Kajüte und Logis vergrössert und Räume für Aufbewahrung des Reservematerials und des Proviants hergestellt werden. Aussen sollte das Schiff vom Buge bis einige Fuss hinter dem Nullspant mit einer dreizölligen Haut versehen und darüber starke Eisenplatten gelegt werden. Zur Anbringung der Haut wollte ich das Schiff erst kielholen lassen; doch da dann nur an Einer Seite und gar nicht im Innern gearbeitet werden konnte, so glaubte der Baumeister, dann nicht zur rechten Zeit fertig werden zu können, und ich entschloss mich deshalb, das Schiff auf die Helling zu holen, obgleich hierdurch die Kosten wiederum vermehrt wurden.

Der Mast musste herausgenommen werden und ich liess bei dieser Gelegenheit alles stehende Tauwerk überholen, dasselbe frisch theeren, bekleiden und neu verbinden.

Am 21. April, nachdem die nöthigen Vorbereitungen getroffen worden waren, wurde das Schiff auf die Helling gewunden, und die Arbeit konnte nun mit aller Macht von allen Seiten in Angriff genommen werden. Vorerst wurde von oben bis unten kalfatert und dann die Haut angebracht, während innen die Balken und Kniee gelegt wurden.

Am 5. Mai war die Arbeit bereits so weit vorgeschritten, dass das Schiff wieder ablaufen konnte, und es blieb jetzt nur noch übrig, den Ausbau im Inneren (Kajüte,

---

[1]) Auch hier erwiesen sich die vorgehaltenen vielen Bedenken und Schwierigkeiten gewisser nautischer Sachverständiger vollkommen ungerechtfertigt.   A. Petermann.

Logis &c.) zu vollenden. Einen Theil der Schiffsmannschaft (Zimmermann und vier Matrosen), mit dem Herr Sengstacke am 6. Mai angekommen war, liess ich Ballast und Kohlen einnehmen und beim Einsetzen und Auftakeln des neuen Mastes helfen. Ich hatte nämlich einen gänzlich neuen Mast gekauft und fertig machen lassen, da der alte, wenn gleich gesund, doch, wie bereits bemerkt, ziemlich jung und zudem gerade oberhalb der Backenstücke gelascht war, so dass Aussenklüverleiter und alle Fallen sich an dem angesetzten Stücke befanden.

Mittlerweile war auch die ganze andere Ausrüstung bestellt und theilweis schon fertig und bereit, um an Bord genommen zu werden, sobald die Zimmerarbeiten vollendet sein würden.

Was den Proviant betrifft, so war ich namentlich darauf bedacht gewesen, Alles von bester Qualität zu besorgen und nicht zu viel gesalzenes Fleisch einzulegen; dagegen hatte ich bei Herrn Richers in Hamburg bestellt: 240 Dosen eingekochtes Fleisch (die Dose 6 Pfd. netto), ferner mehrere Anker mit saurem Kohl, braunem Kohl, grünen Bohnen &c., so wie auch eine Kiste mit allerlei Conserven und eingekochtem jungen Gemüse und zwei Fässer mit getrockneten Äpfeln und Pflaumen. All dieser Proviant erwies sich während der Reise als ganz vorzüglich und wir haben uns in Folge dessen auch immer sämmtlich einer ganz ausgezeichneten Gesundheit zu erfreuen gehabt.

Wein und spirituöse Getränke wurden nicht viel mitgenommen. Unser ganzer Weinkeller enthielt 100 Flaschen Bier, 12 Flaschen Madeira, 12 Flaschen Lysholmer und für die Leute waren zwei Fässchen Branntwein vorhanden. Mit Thee und hauptsächlich Kaffee hatten wir uns aber besser versorgt, und wir haben uns auch während der Reise etwas Redliches im Kaffeetrinken geleistet. Es kann nichts Angenehmeres geben, als wenn man bei einer solchen Polarreise nach einer Wache von drei bis vier Stunden im Krähenneste (oben im Maste) bei einer Temperatur unter dem Gefrierpunkt und Schneegestöber sich hinter den warmen Ofen der Kajüte setzen und eine Tasse heissen Kaffee trinken und eine Pfeife rauchen kann. Übrigens ist ein heisses Glas Grog auch nicht zu verschten.

Die übrige Ausrüstung bestand ihren Haupttheilen nach in Folgendem:

Stagsegel, Klüver und Sturmgrosssegel als Reserve, verschiedene Trossen weich geschlagenen Tauwerkes, hauptsächlich zum Verholen im Eise bestimmt, mehrere Eisanker von verschiedener Grösse, Reserve-Steuerruder, 45 Faden Ankerkette, viele Reserveplanken, Eisenplatten, Kohlen, Holz &c., mehrere Gien- und Taljeblöcke, 400 Faden Lothleine, ein Tiefseeloth (60 Pfd.), ein Nordseeloth und ein Handloth nebst Leine, ein Dutzend vollständige Anzüge aus Seehundsfellen [1]), Schneeschuhe, Schneebrillen und sonstige Kleinigkeiten. Zwei starke eiserne Pumpen hatte ich statt der kleinen hölzernen, die da war, machen und einsetzen lassen. Ferner waren wir durch die Güte der Königl. Preussischen Regierung mit einem Dutzend Zündnadelgewehren und 8000 Patronen versehen.

Nach Vollendung der Zimmerarbeiten im Schiffe und der Einnahme von Ballast und Kohlen wurde dasselbe am 13. Mai in den Hafen gelegt, um den Proviant an Bord zu nehmen. An demselben Tage kam auch Herr Hildebrandt mit zwei Matrosen, den Chronometern und den übrigen astronomischen Instrumenten, den Karten, Büchern und überhaupt dem ganzen wissenschaftlichen Apparat an. Die Instrumente, deren Beschreibung ich hier gleich folgen lasse, waren:

1. Ein Chronometer (Kessels Nr. 1334), von der Bremer Steuermannsschule der Expedition geliehen. Dieser Chronometer hat sich ausgezeichnet bewährt. Er zeigte in Bergen einen täglichen Gang von 0",4 verlierend und hat denselben, wie Beobachtungen in Spitzbergen und nachherige Vergleichungen gezeigt haben, immer unverändert während der Reise beibehalten.

2. Ein Chronometer (Arnold Nr. 436), Dr. Breusing's Eigenthum und von demselben der Expedition geliehen. Dieser Chronometer, der allerdings nicht so zuverlässig wie Kessels war, sollte hauptsächlich als Handuhr dienen, um bei Beobachtungen am Lande verwendet zu werden, während Kessels unverrückt am Bord bleiben musste. Er ist mir von grossem Nutzen gewesen und ohne denselben hätte ich die astronomischen Ortsbestimmungen in der Hinlopen-Strasse schwerlich mit der hinreichenden Genauigkeit ausführen können.

3. Ein Spiegelprismenkreis von Pistor & Martins, bis 20" ablesbar, mit Stativ, Eigenthum der Göttinger Sternwarte, ein ausgezeichnetes Instrument, mit dem sich vor Allem mit Hülfe des Stativs die genauesten Winkelmessungen ausführen liessen.

4. Ein Sextant, Eigenthum von Dr. Breusing. Die Construktion dieses vortrefflichen Instrumentes verbindet mit der möglich grössten Leichtigkeit eine ausserordentliche Festigkeit; die Theilung ist genau und sauber, der Excentricitätsfehler ist, wie meine Vergleichung mit dem Prismenkreise ergeben hat, äusserst gering und Blendgläser und Fernröhre sind vortrefflich. Die meisten Ortsbestimmungen sind mit Hülfe dieses Instrumentes gemacht.

5. Ein Azimuthkompass von Negretti & Zambra, mit Libelle und Fernrohr versehen nebst dem Stativ, von der Expedition angekauft. Der Kreis ist an der Magnetnadel befestigt und unmittelbar zu halben Graden eingetheilt. Durch ein total reflektirendes Prisma, welches am Diopter angebracht ist, erhält man eine scharfe und deutliche Ablesung und kann deshalb die genauesten Azimuthe mit Hülfe dieses Instrumentes messen. Im Grönländischen Eise und auf Spitzbergen sind alle Bestimmungen der Missweisung mit Hülfe dieses Kompasses ausgeführt.

6. Ein Quecksilberhorizont mit Glasdach, von der Expedition angekauft. Das Quecksilber wird in eine flache angenickte Kupferschale gegossen und bildet so eine äusserst ruhige und schön reflektirende Fläche, welche die besten Bilder liefert. Im Eise und am Lande massen wir sämmtliche Sonnenhöhen über diesem Horizonte.

7. Ein Glashorizont mit Libelle, Eigenthum von Herrn Sengstacke.

8. Ein Quecksilbergefäss-Barometer von Greiner. Die Skale unmittelbar zu 0,05 Engl. Zoll eingetheilt, mit Nonienablesung bis zu 0,002.

9. Ein Aneroidbarometer, in Pariser Zolle eingetheilt.

10. Drei Thermometer, in Réaumurgrade eingetheilt.

11. Ein Tiefsee-Temperaturmesser, von der Holländischen Regierung auf Herrn v. Freeden's Bestellung. Das Instrument besteht aus einem starken messingenen Koker, oben und unten mit Ventilen versehen, die sich nach oben öffnen und durch eine Stange mit einander verbunden sind. Unten ist eine Feder angebracht, um nach Zuschlagen der Ventile einen festen Verschluss herzustellen. An der Stange liess ich noch eine kleine Vorrichtung zur Befestigung des Thermometers machen, welches mit in die Tiefe gesandt wurde.

Ausserdem liess ich bei den Mechanikern Krohn & Holm in Bergen einen gewöhnlichen Azimuthkompass mit Diopter und Horizontalbewegung und drei Steuerkompasse, worunter eine Sturmrose, anfertigen.

Der Gang der Chronometer wurde in Bergen vom Chronometermacher Iversen bestimmt und dieselben dann am Tage vor unserer Abreise an Bord gebracht und in der Kajüte nach vorn so nahe am Schwerpunkte des Schiffes wie möglich befestigt. Die übrigen Instrumente wurden sämmtlich am Lande nachgesehen und die meteorologischen mit den Normalinstrumenten der Hamburger Seewarte verglichen.

Den 19. Mai war der grösste Theil der ganzen Ausrüstung am Bord und ich liess das Schiff aus dem Hafen herauslegen und bei Sanviken ankern, damit wir uns dort vollständig segelfertig machen konnten. Der Proviant war von den Zollbehörden versiegelt worden, wurde aber auf mein Ersuchen frei gegeben. Eben so erhielt ich Erlaubniss, die Zündnadelgewehre und Patronen an Bord zu nehmen und erstere am Lande zu probiren.

---

[1]) Diese Pelzanzüge wurden schliesslich bei der Reise gar nicht gebraucht, da die Kälte nicht unter durchschnittlich — 3° R. herunter ging.

In den nächsten Tagen wurden wir vollkommen segelfertig, mussten jedoch noch einige Tage liegen bleiben, da die beiden Matrosen, die ich von Tromsö verschrieben hatte, erst am 23. eintreffen konnten. Diesen Aufenthalt benutzte ich noch, um Beobachtungen über die Lokalattraktion des Kompasses am Bord zu machen. Zu diesem Zwecke stellte ich den gewöhnlichen Azimuthkompass genau senkrecht über dem Steuerkompass in einer Entfernung von etwa 1½ Fuss auf. Dadurch wurde der gegenseitige Einfluss, wenn sie nicht in Schwingungen versetzt waren, gänzlich annullirt und auch die Lokalattraktion musste bei beiden sehr nahe dieselbe sein. Sodann wurde der Azimuthkompass (Nr. 5) an eine Stelle an Land gebracht, die etwa 400 Fuss vom Steuerkompass entfernt war und in deren Nähe sich kein Eisen befand. Wir peilten nun von beiden Kompassen aus ein sehr entferntes, jedoch scharf fixirtes Objekt, welches ungefähr in Linie mit den Kompassen lag, und bestimmten zugleich auch die Richtung der direkten Verbindungslinie beider Kompasse durch Peilungen am Bord und am Lande, indem wir das Schiff durch verschiedene Striche des Kompasses holten. Leider gestatteten es die Lokalitäten nicht, das Schiff durch alle Striche zu holen, und eine grosse Genauigkeit konnte mit dem kleinen Schiffe, welches sich nicht unverrückt in den Leinen halten liess, überhaupt nicht erzielt werden; indess waren die Beobachtungen immerhin ausreichend zur Verbesserung des Kurses auf See, wie auch zur Bestimmung der wirklichen Missweisung innerhalb eines Grades.

Die Beobachtungen gaben im Mittel aus beiden Methoden folgende Resultate:

Richtung des Kieles.	Lokalattraktion.
WSW ½ W.	1° 45′ W.
SWzW ½ W.	2° 47′ „
SW ¼ W.	1° 15′ „
SWzS.	1° 0′ „
SzW ½ W.	0°
S ¼ W.	0° 30′ O.
SzO.	1° 15′ „
SOzS.	2° 30′ „
SO.	3° 30′ „
NNO.	3° 15′ „
NzO ¾ O	2° 50′ „
Nord	1° 45′ „
NWW.	0° 7′ W.
NW ½ N.	0° 45′ „
NWzW ½ W.	2° 0′ „
W ½ N.	2° 30′ „

Gern hätte ich die Beobachtungen noch öfters wiederholt, um die Beobachtungsfehler mehr zu eliminiren, doch die Umstände und das Wetter waren nicht günstig dazu und ich musste mich einstweilen mit dem Obigen begnügen.

Am 23. Mai Abends kam das Dampfboot von Tromsö und damit die beiden Tromsöer Matrosen, beides tüchtige Leute, die schon viele Reisen auf den Walrossfang gemacht und wovon der eine einmal auf der Bären-Insel überwintert hatte. Wir waren damit vollkommen segelfertig, und da ich alle Rechnungen bezahlt und das Schiff ausklarirt hatte, konnten wir unsere Reise antreten.

Das Schiff, die Jacht „Grönland", welches dazu dienen sollte, die Entdeckung und Aufnahme der Ost-Grönländischen Küste nördlich von 75° N. Br. an weiter fortzuführen und in die arktische Centralregion einzudringen, hat eine Grösse von 32,1 Commerzlast und war für die Eisfahrt durch folgende Verstärkungen tauglich gemacht: Vom Buge bis hinter den Mast hatte dasselbe eine fichtene dreizöllige Haut erhalten, die mit Eisenplatten belegt ist; innen im Schiffe sind 3 Fuss unter den Deckbalken von vorn bis hinten zwei starke Leibhölzer gelegt und darüber in zweckmässigen Entfernungen vier Querbalken, die durch starke Kniee verbunden sind. Vorn im Buge sind ferner verschiedene Kniee bis ganz unter Deck angebracht und ebenfalls zwei Kniee hinten am Heck. Kajüte und Logis sind vergrössert und zweckmässig eingerichtet, erstere noch besonders für geeignete Aufbewahrung und Aufstellung der Instrumente. Im Logis befindet sich ferner die Kombüse. Das Schiff hat einen neuen Mast bekommen und die Takelung ist überall neu bekleidet und versehen; ferner sind zwei starke eiserne Pumpen eingesetzt, Spill, Klüven &c. ausgebessert und nachgesehen und Reserve-Spieren, Segel, Tauwerk &c. zur Genüge an Bord genommen. Für reichlich 12 Monate Proviant wurde an Bord genommen und das Schiff mit allem Erforderlichen wohl versehen und ausgerüstet, sowohl um eine Fahrt durch das Eis zu ermöglichen, wie auch um Küsten aufzunehmen und andere wissenschaftliche Beobachtungen zu machen.

Die Namen der Offiziere und Mannschaft sind folgende:

Richard Hildebrandt aus Magdeburg, erster Steuermann,
Georg Heinrich Sengstacke aus Altona, zweiter Steuermann,
Johann Wordelmann aus Föhr, Zimmermann,
Hans Peter Iversen aus Hadersleben,
Camp Wagener aus Worden,
D. Heinrich Büttner aus Bremen,
Gerhard J. de Wall aus Delfsyl,
Paul Tilly aus Minden,
Albert Konrad Olsen aus Tromsö,
Nils Peter Eriksen Lian ebendaher,
} Matrosen.
Friedrich Rössing aus Minden, Koch.

Mit dieser tüchtigen Mannschaft versehen und ein gutes Schiff unter den Füssen setzten wir am 24. Mai Nachmittags 2½ Uhr Segel, um uns an eine Aufgabe zu machen, welche zu lösen seit mehreren Jahrhunderten alle seefahrenden Nationen Europa's versucht hatten. Ich war mir bewusst, in Hinsicht auf Schiff und Ausrüstung in jeder Beziehung meine Pflicht und Schuldigkeit gethan zu haben, und mit diesem Bewusstsein so wie im Vertrauen auf meine eigene Thätigkeit und die Tüchtigkeit meiner Offiziere und Mannschaft ging ich ruhig der Zukunft entgegen.

3. Von Bergen nach Jan Mayen und bis an das Grönländische Eis. Treibholz, Golfstrom.

Mit einer frischen südlichen Brise segelten wir den Fjord hinunter, passirten um 7 Uhr Abends Hellisö-Leuchtthurm und befanden uns sonach auf offenem Meere.

Das Wetter war ausgezeichnet schön und es wehte eine frische Brise, so dass wir rasch vom Lande abkamen und schon um 8½ Uhr wegen der etwas heiigen [1]) Luft die Küste gänzlich aus Sicht verloren hatten.

Es gewährte mir ausserordentliches Vergnügen, zu sehen, wie leicht und rasch das Schiff arbeitete. Es flog über die See weg wie eine Möve, und obgleich es bei der hohen Dünung oft stark schlingerte [2]) und wir über 7 Knoten [3]) machten, so erhielten wir doch keinen Tropfen Wasser über Deck.

Die Meisten von der Mannschaft waren es nicht gewohnt, auf kleinen Schiffen zu fahren, sondern hatten immer auf grossen Schiffen gedient und wurden nun in Folge der raschen und kurzen Bewegungen unseres kleinen Fahrzeuges etwas seekrank. Es war äusserst komisch, diese breiten, kräftigen Gestalten und seegewohnten Leute zu sehen, mit welchen unglücklichen Mienen sie jede starke Bewegung des Schiffes begleiteten. Selbst Sengstacke, ein so durchwetterter und geschulter Seemann wie nur einer, hatte sich in Leh [4]) auf die Riegelung [5]) gesetzt und konnte es öfters nicht unterlassen, recht angelegentlich in das Wasser zu sehen, als wenn er die Geheimnisse der Tiefe gründlich erforschen wollte. Das gab sich indess bald und schon mit anbrechendem Tage war jede Spur einer Seekrankheit gänzlich verschwunden.

Eine Fahrt im offenen und noch dazu bekannten Meere bietet wenig Interessantes und ich will den geneigten Leser nicht mit den Einzelheiten einer solchen Reise lange aufhalten. Der Dienst geht seinen regelmässigen Gang und Tag für Tag durchfurcht das Schiff schweigend die Wogen des Meeres ohne irgend eine andere Abwechselung als die, welche eine Änderung des Windes in der Stellung der Segel hervorbringt. Die Beschreibung eines einzigen Tages wird daher genügen, um dem Leser ein Bild von dem gewöhnlichen Leben auf See wie auch von dem unsrigen speziell zu geben.

Es ist 6 Uhr Morgens. Der Wacht-habende Offizier, der seit 4 Uhr einsam auf dem Hinterdeck, Wetterbeobachtungen anstellend und den Mann am Steuer beaufsichtigend, auf und ab gegangen ist, ruft die Leute zum Deckwaschen und das Schiff wird binnen- und aussenbords [1]) vollständig gescheuert und gereinigt. Gegen 7 Uhr ist man fertig, der Offizier macht die Runde um das ganze Deck, sieht nach, ob Alles gut gemacht, ob alle Segel kantig stehen und jedes Tau regelmässig aufgerollt sich an seinem Platze befindet. Hie und da wird ein Fall gestreckt [2]) oder eine Schote angeholt [3]), damit Alles in der grössten Ordnung und Akkuratesse sich befindet, wenn der Kapitän, der wegen des ominösen Deckwaschens und des angenehmen Morgenschlafes sich auf der Morgenwache niemals sehen lässt, auf Deck kommt. Um 7 Uhr wird die Wache geweckt und das Frühstück eingenommen. Nach demselben kommt gewöhnlich der Kapitän an Deck, sieht nach dem Kurse, dem Stande der Segel, nach Wind und Wetter und hält einen Spaziergang, indem er seine Morgencigarre raucht. Ist die Sonne zu sehen, so wird Behufs der Zeitbestimmung eine Höhe derselben gemessen und angeschrieben. Die Leute erhalten indessen vom Steuermann oder Bootsmann ihre Arbeit: Segel werden ausgebessert, Taue gespliesst [4]) und nachgesehen, Schamvielung [5]) hie und da aufgelegt, Blöcke geschmiert [6]), kurz Alles gethan, was zum In-Stand-Halten der Segel und der Takelung nur irgend gehört.

Neben allen diesen Arbeiten bleibt der gewöhnliche Wachtdienst natürlich immer derselbe: Steuern, Ausgucken, Setzen und Bergen von Segeln, Loggen, Lothen &c., so dass an Müssiggang, wie man wohl oft im Binnenlande meint, nicht zu denken ist. Mittags wird, wenn möglich, die Meridianhöhe der Sonne gemessen, um in Verbindung mit der Vormittags beobachteten Höhe durch die Rechnung den geographischen Ort des Schiffes zu bestimmen, und vom Kapitän dann der Kurs für das nächste Etmal [7]) vor-

---

[1]) heiige Luft (Englisch hazy), eine mit sehr leichtem Nebel bedeckte Luft.
[2]) schlingern, das Schwanken des Schiffes von einer Seite zur anderen oder nach seiner Breite.
[3]) Man sagt: ein Schiff macht 7 Knoten, wenn dasselbe 7 Seemeilen in der Stunde läuft; 1 Seemeile = ¼ geographische oder Deutsche Meile.
[4]) Leh, die Seite des Schiffes, welche vom Winde abgekehrt ist, oder die unter dem Winde. Die dem Winde zugekehrte Seite heisst die Luvseite.
[5]) Riegelung, eine drei bis vier Zoll dicke Planke, die den oberen festen Theil der Verschanzung bildet.

[1]) binnenbords, innerhalb der Verschanzung, also auf Deck und überall im Schiffe; aussenbords, ausserhalb der Verschanzung.
[2]) Fall, jedes Tau, mit welchem ein Segel aufgezogen wird.
[3]) Schote, jedes Tau, mit dem die untere Ecke (Schothorn) eines Segels nach hinten geholt wird.
[4]) splissen, die Enden zweier Taue mit einander vereinigen.
[5]) Schamvielung, Alles, was dazu dient, um das Reiben des stehenden Tauwerkes gegen einander und gegen die Rahen zu verhindern, also Leder, Segeltuch &c.
[6]) Blöcke, Rollen mit Gehäuse, für die Flaschenzüge.
[7]) Etmal, die Zeit von einem Meridiandurchgang der Sonne bis zum nächsten. Wegen der Veränderung der Position des Schiffes sind diess nicht immer 24 Stunden, sondern bald mehr, bald weniger. Der Ort des Schiffes wird immer für den wahren Mittag angegeben und auch die Uhren nach wahrer Zeit gestellt.

geschrieben. Nachmittags derselbe Dienst wie Vormittags. Die eine Wache wird zur Koje geschickt bis 6½ Uhr, zu welcher Zeit das Abendbrod eingenommen wird. Nach dem Essen wird das Schiff lens gepumpt [1]) und um 8 Uhr die gewöhnliche Nachtwache aufgesetzt.

So geht ein Tag genau wie der andere hin, ohne irgend eine Abwechslung als die, welche die Veränderung von Wind und Wetter nothwendiger Weise mit sich bringt.

Der Sonntag macht nur in so fern eine Ausnahme, als ausser dem gewöhnlichen Wachtdienst keine anderen Arbeiten vorgenommen werden und sich ein Jeder, der nicht gerade Dienst hat, seinem religiösen Bedürfnisse gemäss beschäftigen kann. Der Eine liest, der Andere flickt sein Zeug, ein Dritter sitzt auf dem Spillkopf[2]), raucht still vergnügt seine Pfeife und summt sich ein Liedchen, und so fort. Ist das Wetter ganz schön, so wird auch wohl der Sonntagsstaat für das Land hervorgeholt, ausgelüftet, sorgfältig abgebürstet und fein sauber wieder in die Kiste gepackt. Es ist diess eine Lieblingsbeschäftigung unseres Matrosen, der auf See ausserordentlich gern mit seinem Sonntagsstaate liebäugeln mag, um sich so desto besser an die vergangenen und zukünftigen Freuden des Landlebens erinnern zu können.

Da unsere Reise einen wissenschaftlichen Zweck hatte, so waren natürlich unsere Arbeiten auch mehr mannigfaltiger Art wie auf gewöhnlichen Seereisen. Der Stand des Barometers wurde alle zwei Stunden abgelesen, wie auch die Temperatur der Luft und der Oberfläche des Meeres gemessen und ins Journal eingetragen, Beobachtungen über Wind und Wetter, Farbe und Aussehen des Meeres wurden unausgesetzt angestellt, die Seetiefe gemessen, astronomische Ortsbestimmungen, so oft Gelegenheit dazu da war, gemacht; kurz, es wurde Alles beobachtet und notirt, was nur irgend beobachtungswerth war.

Ausser den astronomischen Ortsbestimmungen stellten wir natürlich auch Beobachtungen an über die Deklination der Magnetnadel oder, seemännisch ausgedrückt, die Missweisung des Kompasses durch Sonnenazimuthe, so oft sich nur irgend Gelegenheit dazu bot. Ganz abgesehen von dem grossen wissenschaftlichen Nutzen, den eine Beobachtung der magnetischen Constanten (Deklination, Inklination, Intensität) an allen Theilen der Erdoberfläche zur Vervollkommnung der Theorie des Magnetismus hat, ist die Bestimmung der Deklination oder Missweisung auf See von der allergrössten Wichtigkeit, um den Kurs des Schiffes

zu reguliren und eine genaue Loggerechnung [1]) halten zu können, da einmal die Karten die Missweisung selten genau angeben und dann auch die örtliche Ablenkung des Kompasses am Bord einer beständigen Änderung unterworfen ist, wenn das Schiff grosse Ortsveränderungen macht. Die Änderung der Missweisung von Ort zu Ort ist im Grönländischen Meere eine ganz bedeutende, wenn man auf einem Breitenparallele segelt. Ich fand dann oft, wenn wir guten Fortgang machten, eine Änderung von einem ganzen Strich[2]) während eines einzigen Etmals, und in der That nimmt die Missweisung besonders auf dem Breitenparallel von etwa 75° ausserordentlich rasch ab, wenn man von Westen nach Osten segelt. Von der Grönländischen Küste bis zur Südküste von Spitzbergen beträgt diese Änderung volle drei Striche des Kompasses. Segelt man dagegen etwas östlich vom Meridian von Greenwich direkt Nord und Süd, so behält man auf der ganzen Strecke von 80° N. Br. bis in die Nordsee hinein nahezu dieselbe Missweisung von etwa zwei Strichen.

Diese beiden Umstände zusammengenommen legt Sir Edward Parry[3]) zu Gunsten der Theorie von zwei magnetischen Polen aus, einer Theorie, die sich jetzt wohl vollständig überlebt hat. Leider wird auf den meisten unserer Kauffahrteischiffe noch zu wenig Gewicht auf die Bestimmung der Missweisung durch eigene Beobachtungen gelegt. Gewöhnlich wird dieselbe aus den Karten entnommen und die örtliche Ablenkung dabei gar nicht berücksichtigt, was mit ein Grund ist, dass oft so grosse Missbestecke eintreten und Schiffe versegelt werden.

Doch kehren wir zu unserer Reise zurück. Das Schiff segelte vortrefflich und der Wind war günstig, so dass wir rasch vorwärts kamen und am 26. Mai bereits zu 63° 26′ N. Br. und 0° 4′ Östl. L. beobachteten. In den nächsten Tagen fiel nichts Bemerkenswerthes vor, das Wetter war gut, der Wind etwas veränderlich und unbeständig, bald sehr flaue, bald steife Brise; wir machten jedoch ziemlich guten Fortgang und passirten den Polarkreis am 28. Mai Vormittags. Die Sonne ging an dem Tage nicht mehr unter und ein Monate langer Tag stand uns bevor.

Wer nie niemals im hohen Norden gewesen und an die beständige Abwechslung von Tag und Nacht von Jugend auf gewöhnt ist, auf den macht die Mitternachtssonne zuerst wohl einen eigenthümlichen Eindruck, doch ist derselbe keinenfalls solcher Art, wie man sich wohl gewöhnlich vorstellt, dass dadurch irgendwie zeitweilige

---

[1]) lens pumpen, so lange pumpen, bis die Pumpen nicht mehr saugen, also kein Wasser mehr im Schiffe ist.
[2]) Spillkopf, das äussere Ende der Ankerwinde auf jeder Seite.

[1]) Logge, das Instrument zur Messung der Geschwindigkeit des Schiffes. — Loggerechnung, die sich auf diese Messung stützende Rechnung zur Bestimmung der Position des Schiffes.
[2]) Strich, Kompassstrich, der 32. Theil des Kreisumfanges.
[3]) Parry, Attempt to reach the North Pole, p. 3.

Änderungen in den Gewohnheiten des Menschen oder eine gewisse Schlaflosigkeit hervorgebracht würden. Man wird nicht auf einmal in jene Regionen versetzt, sondern man fährt dahin und die Änderung geht allmählich vor sich, so dass man unmerklich in diesen beständigen, Monate langen Tag hinein kommt. Bei dem Seemanne kommt nun noch hinzu, dass derselbe immer gewohnt ist, am Tage zu schlafen, und der Wachtdienst keinerlei Änderungen erleidet. An die Neuheit, die Nachtwache von 12 bis 4 Uhr bei hellem Tageslicht abhalten zu können, gewöhnt man sich sehr bald; sie ist äusserst angenehm, und die Vortheile beständigen Tageslichtes in einer unbekannten, stürmischen, mit Eis bedeckten See sind zu gross, als dass man sich besonders wieder nach der Nacht sehnen sollte. Man empfindet es im Gegentheil ausserordentlich unbehaglich, wenn im Herbst die Sonne wieder unter den Horizont verschwindet und die Nächte hereinbrechen und mit grosser Geschwindigkeit zunehmen. Die Nacht ist keines Menschen Freund, am wenigsten aber des Seemanns.

Am 29. Mai Mittags beobachteten wir auf 68° 8',5 N. Br. und 0° 34' W. L. Bis dahin hatten wir noch kaum bemerkt, dass wir uns im arktischen Meere befanden; das Wetter war beständig gut gewesen, die Temperatur der Luft mild und wir segelten noch immer in den warmen Gewässern des Golfstromes; doch bald genug sollten wir daran erinnert werden, nach welcher Gegend des Meeres unser Kurs gerichtet war.

Der Wind, der bis dahin aus Süden geweht hatte, lief nach Osten herum und nahm bei bedeckter, regnerischer Luft so rasch zu, dass wir Abends genöthigt waren, den Jager¹) fest zu machen und ein Reff in das Grosssegel zu nehmen. Die See fing an, hoch zu gehen und sich zu brechen, der Barometer fiel und es war offenbar ein Sturm im Anzuge. Wir hielten es indess die ganze Nacht mit einfach gerefftem Grosssegel und vollem Klüver und Topsegel, da ich die Leistungsfähigkeit und Stärke der Takelung und des Schiffes einmal ordentlich erproben wollte. Beides bewährte sich ausgezeichnet. Obgleich schwer gepresst mit Segeln und in einer hohen See arbeitend, nahm das Schiff doch verhältnissmässig wenig Wasser über Deck und war leicht zu regieren. Der Fortgang war sehr erfreulich und wir liefen eine Zeit über 10 Knoten, was ich nie geglaubt hätte mit einem so kleinen Fahrzeuge machen zu können.

Morgens den 30. Mai wuchs der Wind zu einem vollkommenen Sturm an, indem derselbe nordöstlich lief. Wir waren genöthigt, unsere Segel dicht zu reffen und beizudrehen²).

¹) Jager, auf Jachten das äusserste dreieckige Segel am Klüverbaum.
²) beidrehen, das Schiff unter den Wind legen. Die Richtung des

Die Temperatur des Wassers war 1°,5 R. und hatte in den letzten 24 Stunden um 4° abgenommen; wir waren demnach aus dem warmen Golfstrom in den kalten Polarstrom hinein gekommen. Auch die Temperatur der Luft hatte sich merklich vermindert, sie war Mittags nur noch 2°,2 R. und nahm im Laufe des Tages, indem der Wind mehr nach Norden lief, bis zu —1° R. ab. Der feine Regen wurde zu spitzigen Eisnadeln und das Tauwerk bedeckte sich mit einer dicken Kruste Eis.

Das Schiff lag indess ausgezeichnet bei und obgleich es schwer arbeitete und stampfte, so erhielten wir doch durchaus keine Sturzsee'n über Deck. Zudem befanden wir uns in einem offenen Meere und nirgends in der Nähe war Land oder gefährliche Klippen und Sandbänke, so dass wir mit der grössten Ruhe und Sicherheit gutes Wetter abwarten konnten.

Ein Sturm auf offenem Meere hat überhaupt, wenn man sich nur auf einem guten, seetüchtigen Schiffe befindet, durchaus nichts Gefährliches irgend welcher Art; man refft eben die Segel dicht, dreht bei und macht es sich so behaglich und bequem, wie es die Umstände nur irgend gestatten wollen. Wir hatten in unserer Kajüte ein lustiges Feuer im Ofen brennen, rauchten unsere Pfeife, lasen oder unterhielten uns, draussen mochte es toben und wettern, so viel es wollte. Der Wacht-habende Offizier mit der Wachtmannschaft war natürlich auf dem Deck, doch auch diese waren durch das sogenannte Schauerkleid¹), welches wir an der Luvseite hin gebunden hatten, einigermassen geschützt und konnten ungestört ihre Pfeife rauchen.

Nachmittags sahen wir einige grosse Stücke sehr knorrigen Treibholzes, welches wir leider des schweren Sturmes wegen nicht erlangen konnten. Dieses Treibholz trifft man im Grönländischen Meere und zwar im Polarstrom überall an. Alles, was wir aufgefischt haben und auch das, welches wir an der Ostseite von Spitzbergen fanden, war Fichtenholz, und es ist meine Meinung, dass das meiste davon aus den Sibirischen Flüssen kommt und dann mit dem Polarstrome fortgeführt wird. Nach den Stellen, wo man dasselbe antrifft, kann es kaum anders sein. An der Nordküste von Island, der ganzen Ostküste von Spitzber-

Windes macht dann mit der Richtung des Kieles einen Winkel von 5 bis 6 Kompassstrichen. Weicht das Schiff wenig aus dieser Lage, d. h. fällt es nicht vom Winde ab, und nimmt zudem keine schweren Sturzsee'n über, so sagt man, dasselbe liege gut bei.
¹) Dieses Schauerkleid ist ein Stück Segeltuch, 7 bis 8 Fuss lang und etwa 4 Fuss breit. Hinten auf Deck befestigt man ausserbords an der Luvseite zwei senkrecht stehende Stützen in angemessener Entfernung von einander und spannt daran das Schauerkleid der Länge nach aus. Da es mit der Verschanzung über 6 Fuss hoch ist, so ist man dahinter vollständig vor Wind und Regen geschützt. Bei kleinen Schiffen, die eine niedrige Verschanzung haben, ist dieses Schauerkleid bei schlechtem Wetter von grossem Nutzen und es fehlt auch auf keiner alten Kuff.

gen, hauptsächlich an den Sieben Inseln, der Nordostküste von Nowaja Semlä und auf See in dem Strome, der an der Grönländischen Küste herunter geht, findet sich dasselbe oft in grossen Mengen vor, während an der Westküste wenig oder gar keines vorhanden ist. Allerdings führt auch der Golfstrom Treibholz mit sich, welches aus den grossen Amerikanischen Flüssen herauskommt; dieses kann jedoch meiner Ansicht nach gar nicht oder doch nur sehr vereinzelt in das Grönländische Meer und bis nach Spitzbergen hinauf geführt werden, sondern wird schon vorher von den vielen seitlichen Zweigen des Golfstromes fortgeführt und an den entsprechenden Küsten abgesetzt. Eine kurze Betrachtung des Golfstromes wird für die Richtigkeit dieser Ansicht sprechen.

Über die Ursachen des Golfstromes ist ausserordentlich viel philosophirt und geschrieben worden und die verschiedenartigsten Ansichten wurden seit der Entdeckung dieser merkwürdigen, mächtigen und einflussreichen oceanischen Strömung über die Entstehung derselben laut. Benjamin Franklin, der die erste genauere Karte über den Golfstrom veröffentlichte und selbst so viel für die Erforschung und Festlegung desselben gethan hat, war der Ansicht, dass die Passatwinde als die Hauptursache des Golfstromes angesehen werden müssten, indem dieselben eine grosse Menge Wassers im Karaibischen Meere und Golf von Mexiko gleichsam aufstauten, welches dann allein durch die Strasse von Florida seinen Abfluss finden könnte. Diese Ansicht hat sich sehr lange bei den Seefahrern aufrecht erhalten und ist auch wohl noch jetzt vielfach verbreitet. Neuere Forschungen haben indess diese Ursache allein als völlig unzureichend für die Erklärung der Existenz einer so mächtigen Strömung nachgewiesen und ich glaube, es ist unter den Physikern jetzt wohl allgemein anerkannt, dass die Hauptursache des Golfstromes, wie überhaupt aller Meeresströmungen, zuerst und vor Allem in der verschiedenen Erwärmung der Gewässer durch die Sonne zu suchen ist. Die Achsendrehung der Erde, die Beschaffenheit des Meeresbodens, die Configuration der Küsten und auch die Passate tragen natürlich ebenfalls das Ihrige dazu bei, um die Strömungen gerade so zu leiten, wie wir sie jetzt vorfinden.

Es kann nicht meine Absicht sein, hier eine vollständige und erschöpfende Theorie des Golfstromes zu geben, so weit sie nach unserem jetzigen Standpunkte der Wissenschaft festgelegt ist. Diejenigen, die sich über diesen interessanten Gegenstand näher unterrichten wollen, verweise ich auf die bezüglichen, zum Theil vortrefflichen, Werke: „*Maury, Physical Geography of the Sea*"; „*Maury, Sailing Directions*"; „*American Coast Survey Report*" und andere. In J. G. Kohl's Geschichte des Golfstromes findet sich die ganze Literatur darüber in den Anmerkungen vollständig angegeben.

Beim Austritt aus der Florida Strasse fliesst der Golfstrom Anfangs in nördlicher Richtung, nimmt aber bald in Folge der Achsendrehung der Erde, die alle nach den Polen fliessenden Strömungen nach Osten, alle von den Polen kommenden nach Westen drängt, eine nordöstliche Richtung an. Südlich von den Neu-Fundländischen Bänken wird seine Richtung wegen des sich entgegenstemmenden Polarstromes vollkommen Ost. Weiter nach Osten breitet sich der Golfstrom fächerförmig immer mehr aus. Ein Theil, der Hauptstrom, geht nach Nordosten, an der Küste von Irland aufwärts und zwischen Island und den Färöer- und Shetland-Inseln durch, ein Theil, der schwächste, geht in den Biskay'schen Meerbusen und ein dritter fliesst nach Südosten, an den Azoren vorbei, und verbindet sich später wieder mit dem breiten Äquatorialstrom.

Eine grosse Menge von Treibholz, Seekraut, Pflanzen und Samen aller Art wird beständig aus dem Karaibischen Meere und dem Mexikanischen Golfe in das Atlantische Meer eingeführt. Dieses bleibt aber keineswegs in der Mitte der Strömung, sondern wird bald überall nach dem Rande, hauptsächlich nach der östlichen Seite zu getrieben. Die Ursache davon sucht Maury theils in der dachförmigen Gestalt des Stromes, indem er annimmt, dass die Mittelachse desselben wegen der grösseren Wärme des Stromes im Verhältniss zu der des umgebenden Meeres sich hebe und deshalb ein oberflächliches Abfliessen nach den Seiten bedinge [1]), theils auch in der Achsendrehung der Erde zu finden. Ich glaube, es ist bei allen Strömungen mehr oder weniger der Fall, dass alle in denselben fliessenden leichteren Substanzen allmählich nach dem Rande zu gedrängt werden, ohne dass man gerade eine solche dachförmige Erhöhung nach der Mitte zu anzunehmen braucht. Dem sei indess, wie ihm wolle, die Thatsache steht fest, dass Treibholz, Seekraut &c. im Golfstrome überall nach den Seiten und hauptsächlich nach der östlichen Seite zu getrieben werden.

Der Hauptstrom nun fliesst auf seinem Wege nach Nordosten hart an den Küsten von Irland, den Hebriden, Shetland- und Färöer-Inseln vorbei, wird sogar an diese Küsten gedrängt und muss hier also nothwendiger Weise den bei weitem grössten Theil des Treibholzes absetzen, wie es auch in der That der Fall ist. Auf der anderen Seite stösst sich der Strom an Island, begegnet hier dem von Norden kommenden kalten Polarstrom und ein Zweig geht an der Südküste und Westküste von Island hinauf, daher sich auch hier Treibholz vorfindet. Der Golfstrom

---
[1]) Maury, Physical Geography of the Sea, p. 38.

setzt nun seinen Lauf weiter nach Norden fort, wird an die Küste von Norwegen gedrängt, fliesst um das Nordkap herum und ist bis nach Nowaja Semlä, ja selbst bis an die Küsten von Sibirien verfolgt worden. Grosse Stücke Treibholz, wie man sie im Polarstrom überall antrifft, finden sich indess hier meines Wissens nirgends mehr vor, obgleich an der Küste von Norwegen wohl noch ausländische Früchte, tropische Sämereien, kleine Stücke Campeche-Holz [1]) &c. gefunden worden sind.

Ich habe während unserer Reise niemals im Golfstrome, so oft ich denselben auch durchkreuzte, Treibholz angetroffen, weder zwischen Norwegen und den Färöer-Inseln noch weiter hinauf an der Westküste von Spitzbergen. Der Golfstrom theilt sich nämlich etwas südlich von der Bären-Insel abermals in zwei Arme, von denen der eine direkt nach Norden an der Westküste von Spitzbergen fliesst. Sein Vorhandensein hier bis über den 80. Breitengrad hinaus steht wohl jetzt ohne Zweifel fest und ist auch die Ursache, dass die Westküste von Spitzbergen ein im Verhältniss zu der hohen geographischen Breite sehr mildes Klima hat.

In jedem Jahre kann man schon im Mai, ohne besonders durch das Eis verhindert zu sein, an der Westküste von Spitzbergen bis zum 80. Breitengrade vordringen. Von hier ist der Golfstrom noch weiter längs der Nordküste von Spitzbergen verfolgt worden. Ich fand dort in der Nähe der Küste ganz entschieden eine östliche Strömung, das Wasser war 3° warm und nirgends ein Stück Eis zu sehen. Parry [2]) trieb, im Eise besetzt, von Hakluyt Headland ebenfalls eine beträchtliche Strecke längs der Küste nach Osten und viele andere Seefahrer haben dasselbe beobachtet.

Weiter nach Norden zu verschwindet der Golfstrom gänzlich von der Oberfläche des Meeres. Er stösst hier auf den von Norden und Westen kommenden Eisstrom, und da das bis auf 3° abgekühlte Golfstromwasser spezifisch schwerer ist als das kalte Polarwasser von 0°, so bin ich der Meinung, dass der Golfstrom hier untertaucht und seinen Lauf noch unterhalb des Polarstromes fortsetzt. Die angestellten Tiefen-Temperaturmessungen scheinen diese Ansicht zu bestätigen, doch müssen dieselben noch viel mehr an verschiedenen Stellen und in verschiedenen Tiefen ausgeführt und wiederholt werden, um hierüber zur Gewissheit zu gelangen.

Überhaupt sind Temperaturmessungen sowohl an der Oberfläche wie auch in der Tiefe des Meeres zur Feststellung des Verlaufes der Meeresströmungen von grosser Wichtigkeit und können den Seefahrern nicht genug empfohlen werden. Nur dadurch werden wir im Stande sein, uns eine dem jetzigen Standpunkte der Wissenschaften angemessene Theorie aller Strömungen zu bilden und auf die Ursachen und die Gesetze, denen sie gehorchen, zu schliessen. Dieser Umstand ist auch mit ein Grund, weshalb ich die Erforschung der arktischen Centralregion für so äusserst wichtig halte, da wir dort in der Nähe des Poles jedenfalls Aufschluss über Manches in den Strömungen erhalten werden, was uns bis jetzt noch räthselhaft erscheint.

Am 31. Mai Vormittags hellte sich die Luft etwas auf und der Wind wurde mässiger, indem er sich nach Norden wandte. Wir setzten wieder Segel und steuerten beim Winde über Steuerbords-Bug [1]). Wind und Wetter waren in den nächsten Tagen sehr veränderlich, Windstille und Sturm wechselten rasch mit einander ab und wir hatten viel Schnee und Regen. Am 2. Juni Mittags befanden wir uns nach der Loggerechnung auf 72° 48′ N. Br. und 3° 28′ W. L. Der heftige Regen und Wind, den wir wieder in der letzten Nacht gehabt, hatte aufgehört, doch ein dichter Nebel hatte einen undurchdringlichen Schleier über das Meer gezogen, so dass uns jede Aussicht versperrt war.

Diese intensiven Nebel sind in den Polarmeeren hauptsächlich im Monat Juni eine sehr häufig vorkommende Erscheinung und halten oft mehrere Tage beständig an, ohne sich auch nur ein einziges Mal zu verziehen. Im Grönländischen Meere trifft man sie wohl am meisten an der Grenze des schweren Eises, im Eise selbst sind sie seltener und unmittelbar an der Küste, glaube ich, kommen sie wenigstens so dicht und andauernd wohl niemals vor. Der Himmel ist gewöhnlich im Zenith hell und klar und der Wind mässig. Sie entstehen am häufigsten bei Ost- und Südwinden, seltener bei Nordostwinden, und zerstreuen sich gewöhnlich, sobald der Wind nach Nord und Nordwest läuft. Das schönste, klarste Wetter haben wir immer bei Nord- und Nordwestwinden angetroffen.

Nach dem Nebel und der Temperatur des Wassers zu schliessen, die — 0°,5 R. war, mussten wir uns jedenfalls in der Nähe des Eises befinden, und ich erwartete auch, jeden Augenblick auf Eis zu stossen. Einen guten Ausguck haltend segelten wir mit NNW.-Kurs, Wind östlich, vorsichtig weiter, ohne dass uns indess etwas Bemerkenswerthes aufstiess.

Nachts sahen wir einen Seehund dicht beim Schiffe, den ersten während der Reise, was wiederum auf die

---

[1]) Kohl, Geschichte des Golfstromes, S. 156.
[2]) Parry, Attempt to reach the North Pole.

[1]) Kommt der Wind von Backbord, so sagt man, das Schiff liege über Steuerbords-Bug oder über Backbords-Hals.

grosse Nähe des Eises schliessen liess. Diese Thiere sind im ganzen Grönländischen Meere auf dem Eise und in der Nähe desselben in grosser Menge vorhanden und wir haben sie oft zu Tausenden auf den Schollen liegen sehen. Bei der Annäherung des Schiffes springen sie alle, einer nach dem anderen, ins Wasser, wo sie dann schwer zu erlegen sind. Von Walfischfahrern habe ich mir erzählen lassen, dass diese Thiere, wenn sie so in Heerden auf den Schollen liegen, ordentlich Wachen ausstellen, die die übrigen von jeder Gefahr unterrichten; diese Wachen müsse man vorerst wegschiessen, dann könne man sie alle leicht mit Keulen todt schlagen.

Bei fortwährendem dichten Nebel ging es weiter, die Temperatur der Luft sank bis auf — 1° R., das Tauwerk wurde mit einer dicken Eiskruste überzogen, aber noch immer wurde kein Eis sichtbar. Am 4. Juni Vormittags hatten wir eine mehrstündige totale Windstille bei fortwährend dichtem Nebel. Erst gegen Mittag — wir befanden uns auf 74° 45′ N. Br. und 6° 7′ W. L. —, kam eine frische Brise aus Norden durch, die uns starken Schneefall brachte und den Nebel ein wenig zerstreute. Wir steuerten beim Winde über Backbords-Bug, also in westlicher Richtung, und hielten einen scharfen Ausguck wegen des Eises, welches keinenfalls weit entfernt sein konnte. Die Temperatur der Luft sank bis auf —3° R. Gegen Abend hellte sich die Luft auf, der Nebel verzog sich, das Wetter wurde klar und heiter. Ein heller Schein im Westen kündigte uns die Nähe des Eises an und wir sahen auch gegen 10 Uhr die ersten Schollen, die Anfangs ziemlich zerstreut lagen, beim weiteren Vordringen gegen Westen aber immer dichter und dichter wurden. Unser rasches und leichtes Vorwärtskommen hatte ein Ende und wir sollten jetzt bald die langsame, mühevolle und gefährliche Schifffahrt zwischen ungeheueren Eisblöcken zur Genüge kennen lernen.

4. Beschreibung des Eises. Erstes Eindringen in dasselbe. Schwerer Sturm aus Osten. Im Eise besetzt. Eisbärenjagd. Besuch vom Boote der „Diana". Befreiung.

Das Eis in den Polarmeeren hat die verschiedenartigsten Formen und Gestalten. Man trifft es in allen Grössen und Ausdehnungen an, von ganz dünnem, jung gebildetem sogenannten Kucheneise und den kleinsten Stücken bis zu den ungeheueren Feldern von unabsehbarer Ausdehnung, mit einer Dicke von 30 bis 40 Fuss unter Wasser, und endlich den gewaltigen Eisbergen.

So verschiedenartig indess das Eis seiner Form und Gestalt nach auch ist, so kann man doch nach der Entstehungsweise zwei wesentlich verschiedene Arten unterscheiden, nämlich *Flächeneis* und *Gletschereis*. Das Flächeneis ist auf dem Meere und in den Buchten und Baien des Landes gebildet und unterscheidet sich von dem Gletschereise wesentlich durch seine Durchsichtigkeit, die letzteres nicht hat. Durch Seegang, Winde und Strömungen wird das Flächeneis vielfach über einander geschoben und geworfen und theilweis zerstückelt; grosse Schneehügel bilden sich auf demselben, die durch Abschmelzen im Sommer und Wiederzusammenfrieren im Winter ebenfalls zum Wachsen des Eises beitragen, und auf diese Weise kommen die verschiedensten Gestalten von Eis zum Vorschein. Das vielfach über einander geworfene und aufgethürmte Eis trifft man mehr in engen Gewässern und Strassen, wie z. B. in dem Inselgewirre des arktischen Amerika, als in einem offenen, freien Meere, wo sich mehr ebene Flächen vorfinden.

Je nach der Ausdehnung und Stärke hat man verschiedene Benennungen für das Flächeneis eingeführt.

Eisfeld nennt man eine Fläche von grosser Dicke und solcher Ausdehnung, dass man dieselbe vom Krähenneste[1]) aus nicht übersehen kann. Die Oberfläche eines solchen Feldes, wie überhaupt alles Polareises, ist sehr rauh und uneben, mit Schneehügeln und Eishockern, die sich oft 20 bis 30 Fuss über die Eisfläche erheben, wie auch überdiess mit einer 2 bis 3 Fuss tiefen Schneeschicht bedeckt. Im Laufe des Sommers schmilzt der Schnee etwas und es bilden sich grosse Tümpel mit frischem Wasser auf dem Eise, die oft 5 bis 6 Fuss tief sind. Es giebt diess das schönste Trinkwasser ab.

Flarde ist dasselbe wie ein Feld, nur von geringerer Ausdehnung, etwa 1 bis 2 Seemeilen im Durchmesser.

Schollen nennt man alle kleineren Stücke Flächeneis von einem Durchmesser von wenigen Fussen bis zur Ausdehnung etwa einer halben Seemeile. Die Dicke dieser Schollen variirt von 6 bis 7 Fuss bis zu 30 Fuss und mehr. Ich konnte selbst bei Windstille und völlig klarem Wasser das untere Ende einer Scholle oft nicht erkennen. Unter den Schollen findet man, vorzüglich an der Grenze des Eises, wo sie dem zerstörenden Einfluss der Meeres-

---

[1]) Bei Wallfischfahrern eine Tonne, die man für den Ausguck am Top des grossen Mastes befestigt.

14 Beschreibung des Eises. Erstes Eindringen in dasselbe. Schwerer Sturm aus Osten. Im Eise besetzt &c. &c.

wogen am meisten ausgesetzt sind, die verschiedenartigsten Formen und Gestalten und mit nur wenig Phantasie kann man sich alle möglichen Werke der Kunst und Architektur darunter vorstellen. Eine der gewöhnlichsten Formen ist die eines riesigen Champignon. Durch das fortwährende Waschen und Nagen des Meeres an der Oberfläche ist die Scholle gleichsam unterminirt und es bildet sich in der Mitte eine senkrechte Säule, über welcher sich dann eine grosse wagrechte Platte erhebt, die an den Seiten etwas abgerundet erscheint. Wird die obere Platte zu schwer, so wälzt sich oft der ganze Eisblock mit starkem Geräusch um und das untere Ende kommt zum Vorschein, wodurch nun wieder neue mannigfaltige Gestalten entstehen.

An der Grenze des Eises[1]), da wo das offene Meer anfängt, zeigen sich die Schollen oft in langen Strömen sehr dicht an einander gepackt, während dahinter sich mehr Waken[2]) und schiffbare Kanäle vorfinden. Scoresby nennt diesen Theil zusammengepackter Schollen den Seestrom; die Schollen sind, da die See schon die loseren Theile des Eises abgenagt hat, gewöhnlich massiver und fester als die Blöcke weiter im Eise und haben meistens eine Dicke von 20 bis 30 Fuss. Dieser Seestrom schützt die Schiffe im Eise vor der Dünung der See, die auch, wenn nicht gerade ein schwerer Sturm weht oder geweht hat, eben nicht zu verspüren ist. Durch heftige Winde wird der Seestrom an manchen Stellen durchbrochen, ganze Ströme Eises treiben ab, weiter ins offene Meer hinein und werden hier allmählich zertrümmert. Man trifft oft grosse, unabsehbare Flächen von solchem zertrümmerten Eise an. Es sind kleine Eisstücke von einigen Centnern Schwere und das Meer ist oft so vollständig davon bedeckt, dass man mit dem Schiffe einen solchen dicken Brei bisweilen nicht durchdringen kann. Da mir kein Deutscher Ausdruck für solches Eis bekannt ist, so will ich im Folgenden den Namen *Brockeneis* dafür einführen (der Engländer nennt dasselbe *brash-ice*).

Noch einige andere Bezeichnungen für Eis in den Polarmeeren sind im allgemeinen Gebrauch:

Baieis ist junges Eis, welches sich in den Baien und Buchten des Landes, auch in den Waken im Eise neu gebildet hat; doch wird der Ausdruck auch für das dünne Eis von 2 bis 3 Fuss Dicke gebraucht.

Pfannkucheneis ist dünnes Eis, welches sich nach einem heftigen Schneefall bildet.

Packeis sind Massen von Schollen und Flarden von unabsehbarer Ausdehnung, die so dicht zusammengepresst sind, dass kein Wasser dazwischen zu sehen ist.

Treibeis sind Schollen, die so lose liegen, dass man mit dem Schiffe hindurchsegeln kann.

Landeis ist Eis, welches in grossen Feldern am Lande festliegt.

Eiszunge nennt man den Theil des Eises, welcher bei vielen Flarden und Schollen unter Wasser in einer Tiefe von 6 bis 10 Fuss von der Scholle hervorragt. Diese Zungen sind bei tief gehenden Schiffen sehr gefährlich, da man sie, wenn das Wasser vom Winde bewegt ist, nicht immer früh genug sehen kann und das Schiff, indem es dagegen rennt, leicht einem gefährlichen Leck ausgesetzt ist. Wir kamen auf unserer Reise mehrere Male mit dem Kiele auf solche Zungen festzusitzen.

Ausser diesem Flächeneise, welches das ganze arktische Meer mehr oder weniger anfüllt, hat man noch, hauptsächlich in der Nähe der Küsten, die grossen Blöcke Gletschereis und endlich die Eisberge[1]), welche denselben Ursprung haben. Die Gletscher, die in den Polarländern die Stelle der Flüsse vertreten, ragen meist überall bis ins Meer hinein und bilden hier senkrechte Eiswände, oft von 100, ja bis 500 Fuss Höhe über der Oberfläche des Meeres. Von diesen Eiswänden brechen während des Sommers ungeheuere Blöcke, ja ganze Berge ab und stürzen unter Donner-ähnlichem Getöse ins Meer, daher man sich mit dem Boote niemals dicht unter einen solchen Gletscher wagen darf.

Das Gletschereis hat eine bläuliche Farbe, ist nicht durchsichtig und oft gestreift, wie geschichtetes Gestein, wodurch es sich wesentlich von dem Flächeneise unterscheidet, welches, wo es nicht aus Schnee zusammengefroren ist, meist völlig durchsichtig erscheint.

Am 4. Juni Abends trafen wir, wie schon oben bemerkt, die ersten Eisschollen. Es waren einzelne zerstreute Blöcke von mannigfaltiger Gestalt und einem horizontalen Durchmesser von 10 bis 12 Fuss. Das Wetter war gut, der Wind nördlich bei mässiger Brise und wenig Seegang im Wasser.

Mit fünf Knoten Fortgang drangen wir rasch vor und trafen auch bald auf eine zusammenhängende Kette von Eisschollen, die sich unabsehbar nach Westen, Norden und Süden erstreckte. Ein Vollschiff, ein Walfischfahrer, lag beigedreht in der Nähe dieses Packes zwischen losem Treibeise. Wir steuerten dicht bei demselben vorbei und hissten unsere Flagge auf, erhielten aber keine Antwort, obgleich die Leute neugierig nach uns ausschauten, wes-

---

[1]) Ich spreche hier hauptsächlich von dem Eise, welches in dem Meere zwischen Spitzbergen und Grönland vorkommt; in der Baffin-Bai und den engen Gewässern im Norden von Amerika finden sich wohl andere Verhältnisse vor.
[2]) Waken, offene Stellen im Eise.

[1]) Über Eisberge und deren Bildung s. Scoresby, Account of the Arctic Regions, p. 250.

halb wir uns auch nicht weiter an ihn kehrten, sondern näher an den Pack fuhren, um nach einer Öffnung zu suchen. Direkt vor uns war Alles so vollständig dicht, dass ein Eindringen gänzlich unmöglich war. Einige Meilen nach Süden zu schien dagegen das Eis etwas loser zu liegen und wir steuerten deshalb längs des Packes nach dieser Richtung.

Der Anblick dieses Eises vom Krähenneste aus war kein sehr ermunternder, indess fanden wir gegen 4 Uhr Morgens offene Stellen und drangen einige Meilen westwärts vor. Doch schon nach wenigen Stunden sahen wir das Eis so dicht zusammengepackt vor uns, dass unser Fortgang vollständig gehemmt wurde und wir genöthigt waren zu wenden. Mittlerweile war es beinahe Windstille geworden, das Wetter war schön und die Sonne kam durch. Wie es bei Windstillen gewöhnlich der Fall ist, fing das Eis an, ein wenig aus einander zu gehen, und wir sahen gegen Norden am Horizont sich einige schmale Wasserstreifen bilden. Wir beschlossen daher, die grossen Flarden und Schollen, die vor uns lagen, östlich zu umsegeln, um diese offenen Wasserstreifen im Norden zu gewinnen.

Mittags war gänzliche Windstille und die Sonne schien hell, so dass ich eine gute Meridianhöhe bekommen konnte. Diese gab uns die Breite von 74° 54' N. und die Länge ergab sich nach der Loggerechnung zu 10° 38' W. Wie sich später zeigte, war diese Länge indess um mehr als einen ganzen Grad zu westlich, was eben nicht zu verwundern ist, wenn man bedenkt, dass wir seit dem 29. Mai weder eine Zeitbestimmung noch eine Bestimmung der genauen Missweisung des Kompasses hatten machen können.

Mit einer leichten südlichen Brise, die Nachmittags aufsprang, steuerten wir in nordöstlicher Richtung dem Eise entlang und fanden bald einen schönen Kanal, der sich, so weit wir vom Maste aus sehen konnten, in nordwestlicher Richtung erstreckte. Wir segelten die ganze Nacht in demselben entlang bei einer flauen südlichen Brise und schönem Wetter. Manchmal waren wir zwar gezwungen, uns östlich zu halten und uns dann und wann zwischen zwei Schollen, die zu eng an einander lagen, durchzubohren, wobei es natürlich nicht ohne Stösse abging, aber im Ganzen drangen wir doch ganz erfreulich vor.

Den 6. Juni Vormittags legten wir das Schiff an einer Eisscholle fest, da das Eis sich im Westen mehr zusammensetzte und wir vorläufig nicht weiter konnten. Doch schon gegen Mittag mussten wir unseren Ankerplatz verlassen und schleunigst unter Segel gehen, da wir in Gefahr kamen, gänzlich vom Eise eingeschlossen zu werden. Einige Meilen nach Süden zu hatte sich eine Wake von etwa 1½ Seemeilen im Durchmesser gebildet und es gelang uns auch nach einigen Stunden harter Arbeit, mittelst Warpens [1]) und Segelns dieselbe zu erreichen.

Wir waren jetzt vollständig vom Eise umgeben und konnten vom Krähenneste aus ausser unserer kleinen Wasserfläche, in welcher wir hin und her kreuzten, auch nirgends, weder im Westen noch Osten, das geringste Wasser entdecken. Die Aussichten waren nicht sehr tröstlich, doch wenn nur das Wetter gut blieb und keine östlichen Winde eintraten, so war wenigstens Hoffnung vorhanden, dass sich viele Öffnungen und Kanäle bilden würden, die uns mit unserem kleinen Schiffe einen Durchgang gestatteten. Mit Gewalt liess sich hier Nichts machen, wir mussten ruhig und geduldig die kommenden Dinge abwarten. Wir durchkreuzten unser Wasserbecken nach allen Richtungen, untersuchten jede Eisscholle, konnten aber nirgends eine Öffnung entdecken, so sehr sich die gegenseitige Lage des Eises um uns her auch fortwährend änderte. Während der Nacht fing das Eis indess an, ein wenig aus einander zu gehen, und es bildete sich im Westen eine kleine Strasse, die wir gegen Morgen auch sofort benutzten, um weiter vorzudringen.

Am 7. Juni Vormittags frischte der Wind, der bis dahin leicht gewesen war, etwas an und wir hatten einige Schneeschauer bei unter Temperatur von — 3° R.; wir drangen indess einigermassen gut vor, indem wir bisweilen schöne freie Wasserstrassen fanden, bald aber auch uns mittelst Segeldruck und Warpen durch dicht an einander gedrängte Schollen durcharbeiteten. Das Schiff machte sich sehr gut, es manövrirte leicht und konnte, wie wir bald merkten, einen tüchtigen Stoss vertragen.

Gegen Abend waren wir in ein schönes freies Wasser von einigen Seemeilen im Durchmesser gekommen, doch hier wurde unser weiteres Vordringen gegen Westen vollständig gehemmt. Grosse Flarden und Schollen lagen dicht zusammengepackt vor uns und wir konnten vom Maste aus kein Wasser mehr zwischen denselben entdecken. Zudem lief der Wind östlich und verstärkte sich im Laufe der Nacht zum völligen Sturm; heftige Schneeschauer verdeckten uns jede Fernsicht und es blieb uns Nichts weiter übrig, als unsere Segel zu reffen und uns gegen den Wind zu wenden, um so viel wie möglich offenes Wasser zu halten.

Hierbei kamen so recht die Vortheile eines kleinen Schiffes zur Geltung, welches sich trotz des Sturmes noch immer mit einer gewissen Leichtigkeit regieren und einiger-

---

[1]) Warpen, ein Vorwärtsziehen des Schiffes mittelst eines kleinen Ankers (Warpanker), welcher mit dem Boote so weit fortgebracht wird, wie es die Länge der Leinen oder die sonstigen Umstände erlauben. Den Anker wirft man entweder auf den Boden des Meeres, oder man befestigt ihn auf dem Eise.

maassen gut vom Eise frei halten liess. Ein grosses Schiff bei solchem Sturm und Schneewetter in so engen Wasserbecken zwischen treibenden Eisschollen auch nur mit einiger Sicherheit unter Segel zu halten, ist geradezu unmöglich, da nicht Platz genug zum Wenden vorhanden ist. Man ist gezwungen, an einer grossen Flarde oder einigen Schollen zu ankern und mit denselben fortzutreiben, wobei man fortwährend Gefahr läuft, von den sich drängenden und schiebenden Schollen und Eisblöcken heftige Stösse und selbst einen Leck zu bekommen, welcher Gefahr man mit einem kleinen Fahrzeuge wenigstens nicht in dem Maasse ausgesetzt ist.

Am 8. Juni dasselbe stürmische Wetter mit heftigen Schneeschauern. Das Eis setzte sich im Westen mehr und mehr an und wir waren genöthigt, von einem Wasserbecken in das andere zu flüchten und zwischen den Eisschollen so gut nach Osten zu arbeiten, wie es angehen wollte. Wir hielten auch freies Wasser, obgleich wir manchmal beim Wenden, wenn die Kanäle eng und schwierig waren, heftig mit dem Eise zusammenstiessen.

Die Schifffahrt im Eise bei solchem Sturm und Schneewetter ist von der allerschwierigsten Art und die Lenkung des Schiffes erfordert nicht allein eine genaue Kenntniss der Eigenschaften desselben und eine unausgesetzte Aufmerksamkeit, sondern auch vor allen Dingen Ruhe und Geistesgegenwart des Commandirenden. Alles Eis ist in heftiger Bewegung, wird vielfach an einander geschoben und gestossen und grosse Blöcke brechen krachend zusammen. Zwischen all diesem Tumult fährt das Schiff mit rasender Geschwindigkeit dahin, an grossen Eisblöcken vorüber, durch enge Kanäle hindurch, wo eine einzige fehlerhafte Bewegung des Steuers den Untergang herbeiführen könnte, und die geschicktesten Evolutionen sind erforderlich, um nicht am Eise zerschmettert zu werden. Glücklicher Weise steht kein Seegang im Eise und es können keine grösseren Wellen aufkommen, sonst würde es nicht mehr möglich sein, das Schiff noch mit Sicherheit unter Segel zu halten, und man würde bald zwischen dem Eise zermalmt werden.

Der Wind, statt nachzulassen, wurde immer heftiger und war am 9. Juni Vormittags zu schwerem Sturme angewachsen. Heftige Schneegestöber erlaubten uns nicht, sehr weit zu sehen; indess bemerkten wir, dass das Eis sich mehr und mehr zusammensetzte, die Wasserbecken und Kanäle wurden enger und enger und die Lenkung des Schiffes schwieriger. Wir mussten das Topsegel führen, um rascher durch den Wind kommen zu können, unter beständiger Gefahr, beim Wenden die Raaen zu zerbrechen; doch wollten wir, so lange noch eine Möglichkeit da war, es zu vermeiden, uns nicht besetzen lassen und machten daher alle Anstrengungen, offen Wasser zu halten.

Um Mittag sahen wir in südlicher Richtung etwas freieres Wasser, mussten jedoch, um dasselbe zu erreichen, eine Reihe dicht zusammengepackter Schollen mit Gewalt durchbrechen. Es gelang, doch erhielt das Schiff dabei so heftige Stösse, dass die Eisenplatten vorn am Steven losgerissen wurden und sich wie Papier umkräuselten. Das Schiff blieb indess dicht und wir befanden uns, wie wir glaubten, in einem einigermaassen freien Wasser. Der anhaltende Sturm hatte aber alles Eis in eine solche Bewegung gesetzt, dass alle Öffnungen, wie gross sie auch sein mochten, sich mit ungemeiner Geschwindigkeit schlossen. Wir sahen bald keinen Ausweg mehr. Zwei Stunden hielten wir uns noch, dann hatten wir aber keinen Raum zum Wenden mehr und waren genöthigt, um nicht an einer schlechten Stelle zerquetscht zu werden, in das Eis hinein zu rennen und so gut wie möglich fest zu machen, so riskant es auch sein mochte. Das Schiff hielt glücklich alle Stösse aus und nach einer Stunde harter Arbeit waren wir einigermaassen in Sicherheit, aber fest im Eise besetzt.

So war denn unser erster Versuch, die Küste zu erreichen, missglungen. Wir waren gefangen, trieben mit dem Eise nach Süden und mussten geduldig warten, bis eine Änderung des Windes und der Witterung das Eis wieder einigermaassen lösen würde. Gefahr war, wie wir bald merkten, nicht im Entferntesten vorhanden, und wir hatten während der ganzen Zeit unserer Gefangenschaft, obgleich das Wetter meistens stürmisch war, wenig oder gar keinen Druck von dem Eise auszuhalten. Das Schiff konnte überdiess, wie wir bereits gesehen hatten, schon einen tüchtigen Stoss im Eise vertragen; es hatte wenig gelitten, obgleich einige Eisenplatten vorn am Buge losgegangen und mehrere Aussenplanken hinter der Haut in der Höhe der Wasserlinie etwas beschädigt waren. Die Haut war nicht lang genug und wir hatten auch die Absicht, dieselbe zu verlängern, sobald es das Wetter nur irgend gestatten würde.

Im Laufe des Tages legte sich der Sturm und Nachts hatten wir nur noch eine mässige Brise; es schneite indess immer noch mit unverminderter Heftigkeit. Diess hinderte uns jedoch nicht, unsere Absicht auszuführen, und wir gingen unverzüglich ans Werk. An einem grossen Eisblocke in passender Entfernung vom Schiffe befestigten wir ein Paar Eisanker, in die Ringe derselben hakten wir den unteren Block einer starken Gien [1]), die am Top des Mastes befestigt wurde, und krengten nun mit Hülfe dieser Gien das Schiff so weit nach der einen Seite über, als

---

[1]) Gien, ein schwerer Flaschenzug, dessen einer Block wenigstens drei Scheiben hat.

nöthig war, um die Planken anbringen zu können. Da ich alle solche Fälle vorhergesehen hatte, so waren wir mit dem nöthigen Material, Planken, starken Nägeln und Eisenplatten, hinreichend versehen. Die Haut, die wir auf diese Weise an jeder Seite erhielten, war 13 Fuss lang, 30 Zoll breit und 2 Zoll dick: darüber wurden Eisenplatten genagelt.

Am Vormittag des nächsten Tages, am 10. Juni, hatte der Sturm ganz aufgehört und es wehte nur noch eine leichte Brise aus SO. Die Luft war nebelig, doch kam die Sonne mehrere Male durch und ich hatte Gelegenheit, die Position des Schiffes zu bestimmen. Ich fand Mittags die Breite 75° 0′,3 N. und nach dem Chronometer die Länge 13° 4′,5 W., eine Position, die nahezu mit unserer Gissung[1]) übereinstimmte.

Nachmittags bestimmte ich mit Hülfe des Azimuthkompasses auf dem Eise die Missweisung zu 42° 31′ W. und fand die örtliche Ablenkung des Steuerkompasses für den Kurs NOzNfi°O. Letzteres war um einige Grade mehr, als ich in Bergen gefunden hatte, was mich indess keineswegs überraschte, indem die magnetische Intensität hier bei weitem grösser sein musste. Im Laufe des nächsten Vormittags gelang es mir noch, da das Eis sich etwas gedreht hatte, die örtliche Ablenkung für den Kurs SOzO. zu bestimmen. Ich fand dafür 4° O. und berechnete mir nun unter Zugrundelegung der Hypothese, dass alle ablenkenden Kräfte sich zu einer einzigen resultirenden vereinigen liessen, eine Tafel für jeden Strich des Kompasses, die, so fehlerhaft sie auch sein möchte, da ich nur zwei Beobachtungen hatte, doch jedenfalls für diese Gegend genauer sein musste als die in Bergen beobachtete.

Bezeichnet man nämlich den Winkel, den der Strich des Kompasses von der ersten Beobachtung mit demjenigen Striche macht, für welchen die Ablenkung 0° sein müsste, mit y und das Maximum der Ablenkung in Graden ausgedrückt mit x, so ergeben die beiden Beobachtungen offenbar die Gleichungen:

$$x \sin y = 6$$
$$x \sin (y + 90°) = 4$$

Daraus folgt $\tan y = \frac{6}{4}$, also $y = 56° 19′ = 5$ Strich,
ferner $x = 7°,21 = 7° 12′$.

Für NNW. Kurs war also die Ablenkung 0°, ein Resultat, welches mit den Beobachtungen in Bergen ziemlich gut übereinstimmte. Da ich für westliche Kurse im Allgemeinen eine etwas geringere Ablenkung gefunden hatte, so nahm ich auch hier als Maximum 6½° an und berechnete danach meine Tafel. Nachherige Beobachtungen haben gezeigt, dass die so berechnete Tafel nirgends mehr als um einen ganzen Grad fehlerhaft war.

In den nächsten Tagen war das Wetter nebelig bei leichter veränderlicher Brise und Windstille. Wir waren überall vollständig vom Eise eingeschlossen und vom Maste aus war nicht ein einziger Streifen Wassers zu sehen.

Der 11. Juni war bemerkenswerth durch die reiche Jagdbeute, die wir an dem Tage machten. Um 6 Uhr Morgens bemerkte die Wache einen Eisbären, der sich dem Schiffe schon bis auf 20 Schritt genähert hatte, auf einem Schneehügel stand und neugierig nach uns ausschaute. Herr Hildebrandt holte sofort eine der Zündnadelgewehre, schoss aber so entkräftet, dass das Thier nur leicht verwundet wurde. Der Bär, den ein solcher Gruss wohl verdriessen mochte, brüllte ärgerlich, hielt es aber doch für gerathener, sich zur Flucht zu wenden; die vielen Zündnadelgewehre, die unterdessen sichtbar geworden waren, mochten ihm wohl einen gelinden Schrecken einflössen. Die ganze Mannschaft hatte nun nichts Eiligeres zu thun, als tumultuarisch hinter dem Bären her zu stürzen; er wäre ihnen indess doch wohl entkommen, wenn ihn nicht der Blutverlust so entkräftet hätte, dass er gezwungen war, sich auf einen Augenblick niederzusetzen, wo er dann durch eine wohl gezielte Kugel ins Jenseit befördert wurde. Triumphirend wurde der Körper von den Leuten über die Eisschollen zum Schiffe geschleppt und das Fell abgezogen.

Sie waren noch mit dem Reinigen des Felles beschäftigt, als sich ein zweiter Eisbär, ein prächtiges, grosses Thier, blicken liess. Wir hielten uns ganz still hinter der Verschanzung mit geladenen Gewehren verborgen und liessen den Bären, der wahrscheinlich durch den Geruch des frischen Fleisches herangelockt war, bis dicht an das Schiff kommen. Es sah komisch aus, mit welcher Bedächtigkeit und Vorsicht er sich über die Eisschollen und mächtigen Höcker wegbewegte, dabei alle Augenblicke still stand, das Schiff ansah und sich dann vor lauter Wohlbehagen auf dem Rücken wälzte. Er überlegte lange genug, ob er sich dem Schiffe nähern oder wieder umkehren sollte; der Geruch des frischen Fleisches mochte ihm aber doch wohl gar zu angenehm sein und er steuerte zuletzt direkt auf den Leichnam des bereits erlegten Bären zu, der etwa 20 Schritt vom Schiffe entfernt auf dem Eise lag. Diesen Zeitpunkt hatten wir abgewartet und Herr Hildebrandt streckte ihn mit einer einzigen Kugel sofort nieder.

---

[1]) Ich muss hier auf einen Irrthum aufmerksam machen, der vielfach verbreitet ist und der auch in alten Schiffahrts- und Loggebüchern häufig vorkommt. Man sagt dort oft „gegisste Länge und Breite" und meint damit die aus der Loggerechnung sich ergebende Position. Diess ist aber offenbar falsch, da giessen nichts Anderes heisst als muthmassen, die Loggerechnung aber auf einer wirklichen Messung beruht, die zwar fehlerhaft, doch immerhin noch eine wirkliche Messung ist. Nur wenn man nicht gelogget hat oder nicht loggen konnte, wie wir im Eise, und die zurückgelegten Meilen nur schätzt, kann man von einer gegissten Länge und Breite reden.

18 Beschreibung des Eises. Erstes Eindringen in dasselbe. Schwerer Sturm aus Osten. Im Eise besetzt &c. &c.

Noch drei andere Bären liessen sich im Laufe des Tages blicken und keiner konnte unseren Zündnadelgewehren entrinnen. An einen eigentlichen Kampf war dabei gar nicht zu denken, sie kamen in unsere Nähe und wurden einfach niedergeschossen. Überhaupt haben wir nicht bemerkt, dass der Bär ein besonders muthiges Thier ist; wird er durch einen Schuss verwundet und er kann entrinnen, so zieht er die Flucht jedenfalls einer Vertheidigung vor und kehrt sich nicht gegen seinen Angreifer, auch wird er wohl nicht leicht auf einen Menschen losgehen, wenn er nicht etwa durch Hunger getrieben wird. Dann mag der Bär allerdings durch seine enorme Stärke ein gefährliches Thier sein. Barents und seine Leute, die im Jahre 1596 gezwungen wurden, an der Nordostseite von Nowaja Semlä zu überwintern, wurden, während sie ihr Haus zimmerten, sehr oft durch Bären beunruhigt, die sich in grossen Schaaren blicken liessen. Durch Hunger getrieben waren sie wild geworden, doch konnten die Leute in den meisten Fällen sich ihrer erwehren und sie entweder tödten oder verscheuchen. Sobald indess der letzte Strahl der Sonne verschwand und die lange Polarnacht anbrach, waren auch die Bären verschwunden und zeigten sich vor dem Anbruch des Tages im Frühjahr nicht wieder, woraus hervorzugehen scheint, dass auch der Polarbär seinen Winterschlaf hält.

So plump und täppisch auch der Bär aussieht und so langsam und bedächtig er auch gewöhnlich auf dem Eise einherschreitet, so soll er doch eine ausserordentliche Behendigkeit und Geschicklichkeit entwickeln, wenn er auf Beute ausgeht oder wenn er seinen Verfolgern entrinnen will, und seine Kraft ist jedenfalls ausserordentlich. Auf dem Grönländischen Eise trifft man ihn überall an und es bringen die Walfischfahrer meist immer einige Felle von jeder Reise mit zurück. Seine Hauptnahrung besteht wohl aus Seehunden, doch nimmt er auch mit allen anderen thierischen Substanzen vorlieb, deren er habhaft werden kann.

Sein Fleisch und hauptsächlich die Hinterkeulen sind, wenn sie sorgfältig vom Fett gereinigt werden, ausserordentlich saftig und schmackhaft und jedenfalls ganz gesund. Wir liessen uns die Schinken vortrefflich schmecken und befanden uns wohl dabei.

Am 11. und 12. Juni war nebeliges Wetter bei sehr flauer nördlicher Brise. Erst gegen Mittag des letzten Tages hellte sich das Wetter auf, der Himmel wurde klar und wir erhielten die erste gute Fernsicht. So weit das Auge vom Maste aus reichen konnte, war auch nicht ein einziger Streifen Wassers zu entdecken, das Eis lag dicht zusammengepackt um uns her und wir trieben mit demselben unwiderstehlich nach Süden.

Zum ersten Male sahen wir auch den sogenannten Eisblink sehr deutlich. Derselbe besteht aus einem leuchtenden weissen Streifen am Himmel, welcher am Horizont über dem Eise erscheint. Besonders deutlich zeigt sich derselbe, wenn der Himmel wolkenleer ist, aber ein sehr leichter, durchsichtiger Nebel über dem Horizonte liegt, also bei etwas heiiger Luft. Bei ganz reinem, völlig klarem Himmel habe ich den Eisblink niemals bemerkt. Die Ursache dieses Blinkes ist leicht einzusehen: die Lichtstrahlen, die auf die schneeige Oberfläche des Eises fallen, werden in die darüber liegende Luft reflektirt und der leichte Nebel wird dadurch leuchtend. Da das Wasser die weissen Lichtstrahlen verschluckt, so muss dagegen der Himmel über dem Wasser verhältnissmässig dunkel erscheinen. Auf diese Weise kann man, wenn der Eisblink unter den günstigsten Umständen erscheint, am Himmel eine vollständige Karte des Eises erblicken, wie es auf 20 bis 30 Seemeilen in der Runde sich darstellt, und jeden Wasserstreifen zwischen dem Eise erkennen.

Der Eisblink zeigte sich uns besonders im Westen hell und weiss, was auf ungeheuere, dicht zusammengepresste Felder und Flarden schliessen liess. Im Osten und Südosten war Wasserhimmel, und zwar so dunkel, dass er nur vom gänzlich offenen Meere herrühren konnte. Aussicht auf baldige Befreiung war noch nicht vorhanden.

In den nächsten Tagen war das Wetter stürmisch aus Norden, meist mit heftigem Schneegestöber. Wir wurden einige Male stark vom Eise gedrückt und das Schiff bisweilen etwas gehoben und auf die Seite gelegt; indess hatten wir im Ganzen Nichts auszuhalten und lagen so sicher wie im besten Hafen. Die Temperatur der Luft war in diesen Tagen 0° bis —1° R. und die des Wassers —1° R.

Am 15. liess sich die Sonne einige Male blicken und es gelang mir, mittelst 2 Höhen und der Zwischenzeit (Aussenmittagsbreite) die Position des Schiffes zu bestimmen. Ich fand 74° 6',8 N. und 15° 13',5 W. Demnach waren wir in 5 Tagen 63,6 Seemeilen SWzS., d. h. im Etmal 12,7 Seemeilen, getrieben, und zwar mit dem ganzen Eise um uns her, welches sich im Ganzen wohl etwas gedreht, aber seine relative Lage gegen einander durchaus nicht geändert hatte. Ein ähnliches Resultat ergab sich in den nächsten Tagen, wie auch überhaupt während der ganzen Zeit, wo wir im und am Eise an dieser Küste kreuzten, und zwar bei den verschiedensten Winden, so dass jedenfalls ein Strom von 10 bis 12 Seemeilen im Etmal in südwestlicher Richtung anzunehmen ist.

Gegen Abend lief der Wind nordwestlich und die Luft hellte sich mehr und mehr auf, so dass wir gegen Mitternacht und am folgenden Tage prächtigen Sonnenschein hatten.

Mit Nordwest- und Westwinden hat man überhaupt an dieser Küste meistens das schönste Wetter, die Luft ist rein und klar, der Himmel meist wolkenleer, und man kann Land und überhaupt alle hohen Gegenstände auf grosse Entfernungen hin erkennen. Der Wind nahm allmählich bis zur Windstille ab und das Eis um uns her fing an, sich ein wenig zu lösen. Im Osten konnten wir vom Maste aus einen Streifen offenen Wassers erkennen, in welchem sich zwei Walfischfahrer befanden, was uns ausserordentliche Freude verursachte, da wir nun auf baldige Erlösung aus unserer Gefangenschaft hofften.

Nachts sahen wir vom Maste aus zum ersten Male die Grönländische Küste vom Kap Broer Ruys bis zu den Pendulum-Inseln ganz deutlich. Unsere Entfernung von den letzteren Inseln betrug nach unserer Position 16 Deutsche Meilen, eine sehr geringe, wenn wir sie im offenen Wasser hätten segeln können, aber eine sehr grosse, wenn man das Schiff so weit durch das schwere Polareis hindurch arbeiten soll. Für uns war vorläufig nicht daran zu denken, uns auch nur irgendwie dem Lande zu nähern, und unser einziges Streben war auch vorerst nur darauf gerichtet, so bald wie möglich offenes Wasser zu erreichen, um nicht ganz nach Süden vertrieben zu werden.

Das Eis löste sich bei der herrschenden Windstille etwas mehr, und wir beschlossen, einen Versuch zu machen, um uns mittelst Warpens nach dem freien Wasser hindurch zu arbeiten. Es stand ein klein wenig Dünung im Wasser, die ungeheueren Eisblöcke von 20 und mehr Fuss Stärke waren in Bewegung und stiessen manchmal heftig zusammen, so dass ein Durchzwängen durch diese Massen nicht ganz ohne Gefahr war. Doch das freie Wasser war zu verführerisch, als dass wir irgend eine Gefahr besonders achten sollten. Wir arbeiteten den 17. Juni von 4 Uhr Morgens angestrengt, kamen aber sehr wenig weiter, da wir mit unserem kleinen Schiffe nicht Druck genug anwenden konnten, um die grossen Massen Eis aus einander zu schieben.

Die Leute arbeiteten willig und mit grosser Anstrengung, doch mit wenig Erfolg und wir waren bis Mittag kaum eine halbe Seemeile vorgerückt. Das freie Wasser kam indess bis auf 2 Seemeilen an uns heran und feuerte uns zu neuen Anstrengungen an. Eine leichte Brise war aus Südwest aufgesprungen und wir setzten in Folge dessen alle möglichen Segel, um etwas mehr Druck hervorbringen zu können; leider half es wenig, nur zollweise rückten wir vor. Der Wind frischte während der Nacht etwas mehr auf und das Eis fing in Folge dessen an, sich wieder mehr und mehr zusammenzusetzen, so dass wir gegen 2 Uhr Morgens nothgedrungen gezwungen waren, alle weiteren Versuche aufzugeben, und das Schiff an eine grosse Flarde befestigten. Die Leute waren vollständig erschöpft, die Besanschote [1]) wurde daher angeholt und die Wache in die Koje geschickt.

Der Wind lief allmählich nach Südost und Ost, und schon um 4 Uhr Nachmittags war jeder Wasserstreifen gänzlich wieder verschwunden. Die Schiffe waren nicht mehr zu sehen, sie hatten sich, sobald das Eis sich zusammenzusetzen begann, nach Südost zurückgezogen. So ärgerlich dieser Umstand auch war, 24 Stunden vergeblich gearbeitet zu haben (wir waren nur etwa 1½ Seemeilen vorwärts gekommen), so half es doch Nichts, wir mussten uns in Geduld fügen und eine günstigere Gelegenheit abwarten.

Am 19. Juni hatten wir wieder stürmisches Wetter mit heftigem Schneegestöber; der Wind war allmählich nach Nordost gelaufen und das Eis schob und presste sich überall zusammen, so dass das Schiff viel vom Drucke zu leiden hatte. Wir mussten beständig auf unserer Hut sein, um durch Abfieren und Anholen der Taue, mit denen wir das Schiff am Eise befestigt hatten, den schlimmsten Stössen auszuweichen. Nachts lief der Wind wieder nördlich und später nordwestlich, die Schneeböen wurden seltener, Vormittags den 20. Juni klärte sich der Himmel gänzlich auf und schönes Wetter folgte. Mit dem Nordwestwinde löste sich nun das Eis beträchtlich und die Hoffnung auf baldige Befreiung wurde wieder stark lebendig.

Ich hatte Mittags sehr gute Beobachtungen und es ergab sich danach unsere Position zu 73° 20',1 N. und 16° 12' W. Demnach waren wir während der letzten 10 Tage S. 27° 2' W. 112,6 Seemeilen getrieben, also durchschnittlich im Etmal 11 Seemeilen. Nachmittags bestimmte ich die Missweisung des Kompasses zu 44° 9' W. und die östliche Ablenkung für den Kurs SWzWz4°W., welches letztere nahezu mit der entworfenen Tafel übereinstimmte.

Das Wetter war wunderschön und Abends war totale Windstille bei wolkenleerem Himmel. Unsere astronomischen Beobachtungen und Rechnungen hatten wir beendigt und wollten nach dem Abendessen unsere Anstrengungen, offenes Wasser zu erhalten, erneuern. Ein Schiff zeigte sich ostwärts etwa 4 Seemeilen entfernt, augenscheinlich im offenen Meere, und es kam gegen 8 Uhr ein Boot vom selben Schiffe zu uns, dessen Kapitän sich nach unserem Befinden erkundigen liess. Er glaubte, wir bedürften seines Beistandes, da er sich, von unserer Expedition Nichts

---

[1]) „Hol' die Besanschote an", ein Ruf, für den der Matrose ein äusserst feines Ohr hat und der ihn von jeder Arbeit sofort aufhören lässt. Vom Wacht-habenden Officier im Tone des Commando's gesprochen heisst dasselbe: ein gewisses Tau im Hintertheile des Schiffes anziehen, vom Steward ausgesprochen hat es indess die Bedeutung: „Ihr sollt einen Schnaps bekommen".

Am Eise entlang zurück nach Norden bis 75½ Grad. Zusammentreffen mit den Walfischfahrern &c. &c.

wissend, nicht erklären konnte, wie ein so kleines Schiff so weit in das schwere Polareis hineinkomme.

Das Schiff war die „Diana" von Hull und es wollte dasselbe in wenigen Tagen die Rückreise nach England antreten. Diess kam mir sehr gelegen, da ich so im Stande war, Nachrichten vom Laufe der Expedition nach Deutschland gelangen zu lassen. Ich schrieb meine Briefe und die Leute von der Diana verliessen uns dann gegen 9 Uhr, um nach ihrem Schiffe zurückzukehren, welches mittlerweile näher herangekommen war und sich unter Dampf nach einer offenen Stelle, die sich im Westen zu bilden anfing, hinarbeitete. Wir gingen gleichfalls an die Arbeit, warpten aber nach Osten, da wir jedenfalls erst das offene Meer erreichen mussten, um unsere verlorene Position einige Grade weiter nordwärts wieder zu gewinnen.

Gegen 2 Uhr Morgens gelang es uns auch, zu einer Stelle zu kommen, wo die Eisschollen wenigstens so lose lagen, dass wir bugsiren konnten. Wir hatten zwar alle nur möglichen Segel beigesetzt, um jeden Luftzug mit benutzen zu können, indess war bis zum anderen Mittag auch nicht der leiseste Hauch zu verspüren und der Himmel völlig wolkenleer.

Vormittags kamen wir bis dicht an den Seestrom und sahen hinter demselben, etwa 1½ Seemeilen entfernt, das freie, offene Meer, — ein äusserst erfrischender Anblick für uns, die wir seit 10 Tagen beinahe Nichts wie die starren, unbeweglichen Eisblöcke um uns her gesehen hatten. Wir bugsirten bis Mittag längs des Seestromes in nordöstlicher Richtung und ankerten dann an einer grossen Scholle, da weiter nach Norden sich wieder Alles dicht zeigte und hier der Seestrom am losesten zu sein schien. Ich nahm eine Meridianhöhe über dem künstlichen Horizonte, welche die Breite 73° 11′,3 ergab. Nachmittags flaue nordöstliche Brise bei nebeliger Luft, wir kreuzten nach dem Seestrome zu und warpten Abends nach einer grossen Scholle, wo wir ankerten, bis uns eine Lösung des Eises einen Durchgang öffnen würde. Ein Paar Eisbären spazierten dicht am Meere auf dem Eise herum, sie waren jedoch zu weit entfernt, als dass wir Jagd auf dieselben machen konnten.

Es stand etwas Dünung von der See herein, wodurch die Eisschollen heftig gegen einander gestossen wurden; da es indess Windstille war, so bildeten sich eben dadurch schöne Öffnungen und wir konnten gegen 4 Uhr Morgens den Versuch machen, uns hindurch zu arbeiten, was uns auch nach 6 Stunden harter Arbeit gelang. Es wehte draussen eine leichte Brise aus Norden, wir setzten Segel und entfernten uns beim Winde steuernd rasch vom Eise.

Unsere Position war Mittags 73° 4′,3 N. und 16° 9′ W.

5. Am Eise entlang zurück nach Norden bis 75½ Grad. Zusammentreffen mit den Walfischfahrern. Fahrt nach Spitzbergen. Farbe des Meeres. Versuche, Gillis-Land von Süden zu erreichen. Landung an der Westküste von Spitzbergen.

Bis so weit war uns das Glück in Bezug auf die Erreichung der Küste nicht günstig gewesen. Der erste Angriff war vollständig zurückgeschlagen und wir hatten uns in den letzten 14 Tagen nicht allein unserem Ziele nicht genähert, sondern auch sogar wieder etwas mehr davon entfernt. Mehrere Tage hatten wir noch zu arbeiten, und zwar gegen die Polar-Strömung, um nur unsere anfängliche Position auf 75 Grad wieder zu gewinnen, und ob wir dann das Eis hinreichend lose treffen würden, war eine Frage, die lediglich von den Winden und der Witterung abhing.

Auf niedrigeren Breiten schon wieder in das Eis einzudringen, wäre nutzlos gewesen, da uns die Strömung immer wieder zu weit nach Süden geworfen haben würde. Vorläufig war auch daran nicht zu denken, da die vorherrschend starken östlichen Winde das Eis in den letzten Wochen so dicht und massenhaft an die Küste gedrängt hatten, dass nirgends eine offene Stelle vorhanden war.

Diese Sachlage machte uns aber nicht muthlos und als nutzlos war die bereits aufgewendete Zeit nicht zu betrachten; denn wir hatten gute und werthvolle Erfahrungen für die Eisschifffahrt gesammelt, das Schiff hatte sich als ein in jeder Beziehung brauchbares und starkes bewährt, die Mannschaft hatte sich als eine durchaus tüchtige und verlässliche erprobt, sie war willig und thätig und für das Unternehmen interessirt. Zudem hatten wir die feste Überzeugung gewonnen, dass, wenn überhaupt die Möglichkeit vorhanden war, in diesem Jahre die Pendulum-Inseln zu erreichen und weiter nordwärts vorzudringen, wir jedenfalls eben so gut hinkommen würden wie irgend ein anderes Schiff.

In den nächsten Tagen steuerten wir längs der Kante des schweren Eises, welches sich mit vielen Buchten und Ausläufern im Allgemeinen nach NNO. erstreckte. Der Wind war leicht und veränderlich zwischen Süd, Ost und Nord, der Himmel meist bedeckt und trübe, mit Schneeschauern und häufigem Nebel. Das Eis im Westen hatten wir meistens in Sicht oder konnten wenigstens, wenn uns der Nebel die Aussicht verhinderte, die Brandung des Meeres an demselben hören.

Am 24. Abends nach einem nebeligen Tage klärte sich der Himmel etwas auf und wir sahen das Eis, welches sehr dicht lag, im Norden vor uns. Wir waren in eine Eisbucht gerathen, deren östlichste Begrenzung vier Seemeilen entfernt war. Der Wind war Ost und es wehte eine leichte Brise, während wir um die östliche Spitze herum zu kommen suchten. Einige Meilen südostwärts von uns lagen drei Schiffe beigedreht, darunter der „Bienenkorb", in 74° 8' N. Br. und 13° 56' W. L., so mit Abspecken seines Fanges beschäftigt, dass er keine Zeit hatte, eine Signalunterhaltung mit uns zu führen.

Um Mitternacht passirten wir die östlichste Spitze der Eisbucht und sahen nun einige Meilen nordwestwärts ein anderes Schiff, nach welchem wir hinsteuerten. Um 2 Uhr preieten[1]) wir dasselbe; es war der „Alexander" von Dundee, und ich schickte Herrn Hildebrandt mit dem Boote hin, um Erkundigungen über die Eisverhältnisse weiter nordwärts einzuziehen. Der „Alexander" war bis zum 80. Grade hinauf gewesen, hatte das Eis aber überall ausserordentlich dicht zusammengepackt angetroffen. Nach der Aussage des Kapitäns erstreckte sich die Eisgrenze von unserer Position im Allgemeinen nach NO., so dass unter dem 79. Breitenparallel das Eis schon auf 5° Ö. L. angetroffen sei. Unsere Position sei ungefähr die westlichste, die wir bekommen könnten; auch e hätte Shannon an demselben Tage gepeilt, an dem wir die Küste gesehen hatten. Noch niemals hätte er das Eis so dicht und so westlich angetroffen und er zweifele sehr, dass es uns in diesem Jahre gelingen würde, durchzukommen. Er rathe uns, auf dieser Breite zu bleiben und westlichen Wind abzuwarten, das sei die einzige Aussicht, die wir hätten, unser Ziel zu erreichen.

Da mich der Kapitän zum Mittagessen eingeladen hatte, so blieben wir den Morgen über zusammen, um dieser Einladung Folge zu leisten. Der Wind, der nach NO. gelaufen war, verstärkte sich indess im Laufe des Vormittags so sehr, dass ich wegen der hohen See von meinem Besuche des „Alexander" abstehen musste. Dieses Schiff wendete sich südwärts und wir arbeiteten nordwärts weiter am Eise entlang.

Nachmittags wurden wir genöthigt, zwei Reffe in das Grosssegel zu stecken, die See fing an, hoch zu gehen, und es wurde trübe von Regen und Nebel. Gegen 11 Uhr Abends trafen wir auch über Steuerbords-Bug auf eine Reihe von Eisschollen, die ziemlich dicht zusammengepackt lagen und sich weiter nach Norden zu erstrecken schienen. Der Seegang war indess zu stark, als dass dieses Eis im Norden mit dem festen Eise im Westen zusammenhängen konnte; wir halsten[1]) deshalb nordwärts, drehten aber einige Meilen vom Eise bei, indem wir die Stagfock back[2]) holten, da es vollständig nutzlos und wegen des dichten Nebels und des hohen Seeganges auch einigermaassen gefährlich war, weiter zu segeln. Wir hätten leicht in eine fatale Eisbucht hinein gerathen können.

Am 26. Morgens verzog sich der Nebel ein wenig, der Wind war wieder östlich gelaufen und hatte bis zu einer leichten Brise abgenommen. Da kein Eis in Sicht war, so setzten wir Segel und steuerten NNW. (rechtweisend), um uns dem Eise wieder zu nähern. Gegen Mittag abermals dichter Nebel, so dass wir bisweilen kaum eine Schiffslänge weit sehen konnten; das Wetter war indess gut, der Wind leicht und der Himmel im Zenith rein und klar. Wir lagen meistens beigedreht, da wir uns ganz in der Nähe des Eises befinden mussten, von welchem wir deutlich die Brandung hören konnten.

In den nächsten Tagen arbeiteten wir uns bei leichten veränderlichen Winden und beinahe fortwährendem Nebel nordwärts längs der Kante des Eises. An welcher Stelle wir dasselbe auch immer sahen, es zeigte sich überall dicht und undurchdringlich, wie auch in der That nicht anders zu erwarten war, da der Wind zu unserem grossen Ärger und Verdruss im östlichen Viertel wie festgenagelt stand.

Das nebelige und nasse Wetter bei einer Temperatur, die beinahe fortwährend unter 0 war, das viele Umherkreuzen am Eise und die schlechten Aussichten auf Erfolge brachten eine melancholische und trübe Stimmung unter Offizieren und Mannschaft hervor. Schweigend und ernst wurde der gewöhnliche Wachtdienst verrichtet und träge und langsam schleppten sich die Tage hin. Der Zustand fing allmählich an, unerträglich zu werden, und es musste nothwendiger Weise irgend Etwas geschehen, was unserem Geiste wenigstens wieder etwas mehr Frische und Elasticität geben konnte. Doch was war zu thun? Am Eise entlang bis 80 Grad hinauf zu arbeiten, in alle Buchten hinein zu schnüffeln und uns das Eis ganz gemüthlich zu besehen, das erschien mir zwecklos und konnte der Wissenschaft wenig oder gar nicht nützen; an Einer

---

[1]) Preien, ein Schiff auf See anrufen, um sich nach Namen, Bestimmungsort &c. zu erkundigen.

[1]) Halsen. Wenn ein Schiff doppelt gereffte Segel führen muss und wenn eine hohe See steht, so kann man das Schiff nicht mehr durch den Wind wenden, sondern muss vor dem Winde herum über den anderen Bug; dieses letztere Manöver nennt man Halsen.
[2]) Ein Segel back holen heisst dasselbe so stellen, dass der Wind von vorne in dasselbe fällt.

Stelle aber Wochen lang herum zu kreuzen und doch nicht in das Eis hinein kommen zu können, wollte mir noch weniger in den Sinn und wäre rein zum Tollwerden gewesen. Es blieb uns also Nichts weiter übrig, als die Grönländische Küste vorläufig ganz aufzugeben, nach Spitzbergen überzusegeln und einen Versuch auf Gillis-Land zu machen. Zwar setzte ich keine grosse Hoffnung auf ein Gelingen, da wir nur drei bis vier Wochen auf diesen Versuch verwenden durften; indess konnte doch immerhin, da wir in unbekanntere Gegenden kamen, vielleicht manche werthvolle Entdeckung gemacht und auf jeden Fall die Zeit zweckmässiger verwerthet werden als hier durch langes Umherkreuzen.

Ehe wir übrigens das Eis verliessen, mussten wir uns nothwendiger Weise etwas Frischwasser zu verschaffen suchen, indem das wenige, welches wir noch in den Fässern hatten, schlecht und abschmeckend geworden war. Bis so weit hatten wir auf dem Eise noch keine Wassertümpfel, wie sie sich im Sommer überall bilden, bemerkt und uns während unserer Gefangenschaft immer Schnee geschmolzen. Da uns indess der Schnee zu viel Platz am Bord einnahm, so blieb uns nichts Anderes übrig, als bei nächster Gelegenheit uns einige Boote voll Eisstücke zu holen. Diess beschlossen wir auch zu thun, sobald es uns das Wetter nur irgend erlauben würde.

Am 28. Juni Vormittags war beinahe totale Windstille, so dass wir wenig Steuer im Schiffe hatten und von der Dünung nach Westen geworfen wurden. Ein sehr dichter Nebel verhinderte jede Fernsicht und in Folge dessen trieben wir in ein grosses Feld Brockeneis, welches wir zu spät bemerkt hatten, um demselben auszuweichen. Die ersten Versuche, uns zu befreien, misslangen und wir staken bald vollständig in dem dicken Brei fest. Von den Stücken Eis um uns her liess ich einige heraufholen, um zu untersuchen, ob sie uns gutes Trinkwasser liefern könnten. Das Eis zeigte sich ganz krystallrein, ein sicheres Zeichen, dass keine Salztheile darin enthalten waren, und wir konnten nun mit leichter Mühe unseren Wasservorrath ergänzen, indem wir nur die besten Stücke heraufzuholen und Boot und sonstige Behälter mit den reinsten unter ihnen zu füllen brauchten.

Mittlerweile mussten wir auch daran denken, wie wir uns aus dem fatalen Brockeneise wieder befreien könnten. Bugsiren wollte nicht gehen, da das Boot für sich allein kaum durch den dicken Brei hindurchzubringen war, die Segel konnten wir in Ermangelung jeglichen Windes auch nicht gebrauchen; es blieb uns also nichts Anderes übrig, als zu warpen, was allerdings beschwerlich genug war, da sich kein grosser Eisblock im offenen Wasser befand und wir daher gezwungen waren, den Warpanker auf den Meeresgrund fallen zu lassen. Letzteres war glücklicher Weise möglich, indem wir an demselben Morgen beim Lothen mit 140 Faden Grund gefunden hatten. Zwei Umstände kamen uns dabei vortrefflich zu Statten, die uns die Arbeit wesentlich erleichterten, ja überhaupt möglich machten, nämlich einmal, dass wir ein so kleines Schiff hatten und mit Lothleinen und kleinen Ankern warpen konnten, und zweitens, dass die Dünung das Eis mehr und mehr nach Westen warf, wir also schon dem offenen Wasser näher kamen, wenn wir überhaupt das Schiff nur an einer Stelle festhalten konnten. Nach einigen Stunden Arbeit gelang es uns auch gegen Mittag, wieder offenes Wasser zu erreichen.

Der Nebel verzog sich ein wenig und wir bemerkten, dass wir ganz in das Innere einer Eisbucht hinein gerathen waren; im Norden, Süden und Westen starrte uns überall das Eis entgegen, welches dicht zusammengepackt lag und eine einzige Masse zu bilden schien. Im Osten und Südosten war das offene Meer und nach dieser Richtung mussten wir vorerst hinarbeiten, um aus der fatalen Bucht wieder herauszukommen, die uns gefährlich werden konnte, wenn ein Sturm aus Osten losbrach.

Das Schlimmste, was einem Schiffe im arktischen Meere passiren kann, ist nämlich das, an der Grenze des Packeises von einem schweren Sturm überrascht zu werden, der gerade senkrecht auf die Richtung der Kante des Eises bläst. In der Seemannssprache ausgedrückt befindet man sich dann unter einem Leger-Wall[1]), die gefährlichste Position, in die ein Schiff auf See bei Sturm überhaupt gerathen kann. Ist der Leger-Wall eine felsige Küste, an der sich keine geschützte Bucht befindet, und der Sturm ist so heftig, dass man nicht mehr im Stande ist, Segel zu führen, so ist man unrettbar verloren und das Schiff scheitert. Am Packeise bleibt noch die einzige Möglichkeit einer Rettung die, vor dem Winde in das Eis hinein zu rennen und sich so tief einzubohren, dass man einigermaassen vor der Brandung und den aufgeregten Wogen des Meeres geschützt ist. Gelingt diess und das Schiff hält die furchtbaren Erschütterungen aus, so ist dasselbe gerettet; liegt das Eis aber so dicht, dass es unmöglich wird, sich einzubohren, und das Schiff kommt mit der Breitseite gegen das Eis zu liegen, so ist es unrettbar verloren und auch das stärkste Schiff kann im Augenblick in Stücke zerschlagen werden. Kapitän Beechey war auf den Schiffen „Trent" und „Dorothea"[2]) einmal in einer solchen Lage. Es gelang zwar, durch Hineinrennen in das Eis die Schiffe

---

[1]) Leger-Wall, jede Küste, Sandbank, Klippe oder überhaupt jede feste Barrière, die vom Schiffe aus direkt unter dem Winde liegt.
[2]) Beechey, Voyage of discovery towards the North Pole, pp. 119—124.

vor gänzlicher Zerstörung zu bewahren, dieselben wurden indess so sehr beschädigt, dass sie nur mit Mühe und Noth Spitzbergen erreichen konnten, wo sie nothdürftig ausgebessert wurden; aber an weitere Forschungen war mit den nunmehr gebrechlichen Schiffen nicht mehr zu denken und man musste nach England zurückkehren.

Unsere Position war Mittags nach der wegen Strömung verbesserten Loggerechnung 75° 28' N. Br. und 12° 50' W. L. Wir fuhren fort, in südöstlicher Richtung aus der Eisbucht heraus zu kreuzen. Der Wind war südlich und sehr leicht und ein dichter Nebel hatte bald wieder alles Eis unseren Blicken entzogen. Erst gegen 10 Uhr Abends verzog sich der letztere ein wenig und es fiel ein feiner Regen. Zu gleicher Zeit sahen wir ein Schiff einige Meilen von uns in südlicher Richtung, welches sich beim Näherkommen als die „Hannover" erwies. Froh, einmal einen Landsmann zu treffen, legten wir die „Grönland" bei und ich fuhr an Bord der „Hannover".

Kapitän Lübbers, der Commandeur derselben, sprach sich ganz übereinstimmend mit den Engländern dahin aus, dass das Eis noch nie so dicht und massenhaft angetroffen wäre wie gerade in diesem Jahre. Die anhaltenden Ostwinde im Monat Juni hätten die Ostküste von Grönland so vollständig blokirt, dass vorläufig nicht einmal an ein Eindringen in das Eis, geschweige denn an eine Erreichung der Küste gedacht werden könnte; die Westküste von Spitzbergen sei indess vollständig frei von Eis. Er hatte noch keinen einzigen Walfisch bekommen, wollte jetzt etwas südlicher gehen, um nach offenen Stellen zu suchen, Mitte August aber nach der Weser zurückkehren. Ich bat ihn deshalb, Briefe mitzunehmen, und ging an Bord, um zu schreiben. Wir kamen in der Nacht wegen des nebeligen Wetters aus einander, näherten uns indess am folgenden Morgen wieder; eine frische Brise machte sich aber leider auf und die See fing an, hoch zu gehen, so dass wir nicht gut mit dem Boote nach der „Hannover" hinkommen konnten, die Briefe daher zurückbleiben mussten.

Wir beschlossen jetzt, unseren Plan, nach Spitzbergen überzusegeln, auszuführen. Das Wetter war stürmisch und die See ging hoch, da indess der Wind gut war, nämlich SSO., so setzten wir so viel Segel, als der Mast nur irgend tragen wollte, und hielten unseren Kurs auf das Südkap von Spitzbergen. Unsere Position war Mittags den 29. Juni nach astronomischen Beobachtungen 75° 10' N. Br. und 11° 47' W. L., die Missweisung des Kompasses 39° 32' W. Der Wind blieb günstig und stark genug, wir machten in den nächsten Tagen einen erfreulichen Fortgang und befanden uns zu unserer grossen Freude bald wieder in einem gänzlich offenen und freien Meere. Das Wasser nahm wieder die eigenthümliche dunkelblaue Farbe an,

welche immer ein Zeichen von grossen Tiefen, aber nirgends schöner ist als in den Gewässern des mächtigen Golfstromes.

Über die Farbe des Seewassers, vorzüglich über die des Grönländischen Meeres, giebt Scoresby in seinem berühmten Werke „Account of the Arctic Regions"[1]) eine so vortreffliche Erklärung und Beschreibung, die ausserdem so sehr mit meinen eigenen Beobachtungen übereinstimmt, dass ich nicht umhin kann, die bezüglichen Stellen hier in der Übersetzung wiederzugeben:

„Das Seewasser ist im Allgemeinen so durchsichtig und farblos wie das reinste Quellwasser, und nur wenn in tieferen Meeren gesehen, erscheint eine bestimmte und unveränderliche Farbe. Diese Farbe ist gewöhnlich ultramarinblau, nur wenig dunkeler wie die Farbe der Atmosphäre, wenn dieselbe frei von Wolken oder Höhenrauch ist. Die Ursache derselben liegt augenscheinlich darin, dass alle Lichtstrahlen, ausgenommen die blauen, vom Wasser absorbirt werden, ehe sie den Boden erreichen und von demselben reflektirt werden können. Aber wo die Tiefe nicht so beträchtlich ist, da wird die Farbe des Wassers wesentlich von der Beschaffenheit des Bodens beeinflusst. So z. B. bringt feiner weisser Sand in seichtem Wasser eine grünlich-graue oder apfelgrüne Farbe hervor, die eine etwas dunkelere Schattirung erhält, wenn die Tiefe zunimmt oder die Intensität des Lichtes schwächer wird; gelber Sand hat eine dunkelgrüne Farbe des Wassers zur Folge, dunkler Sand ein schwärzliches Grün, Felsen eine bräunliche oder schwärzliche Farbe und loser Sand oder Schlamm in Gezeiten-Strömungen eine ins Graue spielende Farbe.

„Von dieser Einwirkung des Bodens auf die Farbe des Wassers sind zweifelsohne die Namen des Weissen Meeres, des Schwarzen Meeres, des Rothen Meeres herzuschreiben. Im Grossen Ocean, im tiefen Wasser, ist dagegen die herrschende Farbe im Allgemeinen blau oder grünlich-blau.

„Es verdient hier bemerkt zu werden, dass man, um die wirkliche Farbe des Wassers zu erkennen, durch eine lange Röhre sehen muss, die bis nahe an die Oberfläche des Meeres reicht, weil dadurch alle seitlichen zerstreuten Lichtstrahlen vermieden werden und man einen klaren Einblick in das Innere der See erhält. Der Koker des Steuerruders eignet sich hierzu ganz besonders gut. Betrachtet man nämlich das Meer oberflächlich von einem freien Standpunkte aus, so erhält man nicht die eigentliche Farbe des Wassers, die wenig oder gar nicht durch das zeitweilige Aussehen der Atmosphäre beeinflusst wird, sondern gewissermassen nur ein Spiegelbild des Himmels.

[1]) Vol. I, pp. 173—176.

24 Am Eise entlang zurück nach Norden bis 75¼ Grad. Zusammentreffen mit den Walfischfahrern &c. &c.

„Die Farbe des Grönländischen Meeres variirt von Ultramarinblau bis zu Olivengrün und von der reinsten Durchsichtigkeit bis zu auffallender Dunkelheit. Diese Erscheinungen sind nicht vorübergehend, sondern bleibend, nicht abhängig vom Zustande der Witterung, sondern allein von der eigenthümlichen Beschaffenheit des Wassers.

„Hudson bemerkte schon auf seiner Reise im Jahre 1607 die Veränderungen in der Farbe der See und machte die Beobachtung, dass das Wasser im Eise blau war, grün dagegen, wo sich grössere Öffnungen fanden. Dieser Umstand ist indessen bloss zufällig [1]). Kapitän Phipps scheint gar keinem grünen Wasser begegnet zu sein. Dasselbe kommt indess in beträchtlicher Ausdehnung vor, vielleicht den vierten Theil der Oberfläche des Grönländischen Meeres zwischen den Breitenparallelen von 74° und 80° einnehmend. Es ist in Folge der Strömung Veränderungen in seiner Lage ausgesetzt, erneuert sich aber in gewissen Gegenden von Jahr zu Jahr. Das grüne Wasser bildet oft lange Streifen oder Ströme, die nördlich und südlich oder nordöstlich und südwestlich liegen, aber von sehr verschiedenen Dimensionen, bisweilen von einer Länge von 2 bis 3 Breitengraden und von wenigen Seemeilen bis zu 10 und 15 Leguas Breite. Es kommt sehr gewöhnlich in hohen Breiten unter dem Meridian von London vor.

„Im Jahre 1817 fand man das Meer von einer blauen Farbe und durchsichtig auf der ganzen Strecke von 12° Ö. L., unter den Breitenparallelen von 74 und 75°, bis 0° 12′ Ö. L. [2]), dann wurde es grüner und weniger durchsichtig. Die Farbe war beinahe grasgrün mit einer leichten Schattirung von Schwarz. Bisweilen ist der Übergang vom blauen Wasser zum grünen ganz allmählich und man segelt in einer Distanz von 3 bis 4 Meilen durch alle Schattirungen; an anderen Stellen dagegen ist die Änderung so plötzlich, dass man eine vollständig scharfe Begrenzungslinie sehen kann. Im Jahre 1817 fand ich einmal so schmale Streifen verschieden gefärbten Wassers, dass wir in Zeit von 10 Minuten durch Ströme von blassgrünem, olivengrünem und durchsichtig blauem Wasser segelten."

So weit Scoresby. Ich füge nur noch hinzu, dass ich vorzüglich das Letztere vielfach bestätigt gefunden habe. Das grüne Wasser, so weit die Farbe nämlich durch animalische Substanzen bedingt wird, kommt übrigens hauptsächlich im Polarstrome vor, wogegen die Golfstrom-Ge-wässer überall, wo das Meer eine bedeutende Tiefe hat, eine reine, durchsichtig blaue Farbe zeigen. Der Walfisch findet seine Nahrung hauptsächlich im grünen Wasser, welches auch immer von den Walfischfahrern mit Vorliebe aufgesucht wird [1]).

Nach einer raschen und glücklichen Fahrt bekamen wir bereits am 3. Juli Morgens die schneebedeckten Gipfel der Südwestküste von Spitzbergen in Sicht, und zwar nur ein Paar Meilen nordwärts vom Südkap, welches wir indess wegen des nebeligen Wetters nicht sehen konnten. Der Wind, der bis dahin sehr frisch aus NW. geweht hatte, verliess uns im Laufe des Vormittags gänzlich und wir hatten mehrere Stunden totale Windstille. Erst gegen 2 Uhr Nachmittags kam eine leichte Brise aus SW. durch und wir näherten uns langsam dem Lande. Um 4 Uhr fanden wir Grund mit 300 Faden (Schlamm und feine Steine); eine abermals eingetretene Windstille bannte uns wieder an einer Stelle fest und wir kamen auch in der ganzen Nacht, da nur selten eine flaue südwestliche Brise durchkam, wenig vorwärts. Der Nebel hatte sich so sehr verdichtet, dass wir das Land nicht mehr sehen konnten; wir hielten uns indess so viel wie möglich auf einem südöstlichen Kurse, welcher uns bald um das Südkap herum bringen musste, von wo aus wir dann unseren Kurs nach den Tausend Inseln nehmen wollten, vorausgesetzt, dass das Eis es uns gestatten würde.

Bis so weit waren wir noch nicht wieder davon belästigt worden, hatten indess schon am vorigen Morgen gleich bemerkt, dass die Küste nicht gänzlich frei, sondern mit einem Eisgürtel umsäumt war. Wir geriethen auch Nachts wirklich in ein Feld Brockeneis, welches so dicht lag, dass wir Mühe hatten, uns bei der flauen veränderlichen Brise wieder zu befreien. Endlich gegen 4 Uhr Morgens kam eine leichte beständige Brise aus Osten durch, die allmählich anfrischte und dabei mehr nördlich lief. Das Wetter blieb indess nebelig, bisweilen einige Schneeschauer; wir steuerten beim Winde und segelten so um das Südkap, ohne dasselbe zu sehen. Mittags befanden wir uns nach astronomischen Beobachtungen auf 76° 3′ N. Br. und 18° 7′ Ö. L., etwas südlicher und östlicher, als uns die Loggrechnung ergeben hatte. Dass hier übrigens ein besonders bemerkbarer südlicher Strom existirt, will ich nicht behaupten, da unsere Positionsbestimmung vom vorigen Tage nur nach einer sehr ungenauen Peilung geschehen war.

Es wehte eine steife Brise, die Luft war bedeckt und es fiel häufig Schnee; wir sahen viel und dichtes Eis im Norden und Osten und es streckte sich dasselbe in langen

---

[1]) Ich beobachtete im Allgemeinen gerade das Gegentheil. Das Eis hat augenscheinlich wenig oder Nichts mit der Farbe des Wassers im Grönländischen Meere zu thun, sondern die hauptsächliche Ursache ist wohl in den grossen Mengen mikroskopischer Weichthiere zu suchen, die am häufigsten im Polarstrome vorkommen. K.

[2]) Wir fanden auf unserer Reise in denselben Breitenparallelen das Wasser blau von 14° O. bis 5° W., westlicher dagegen grün.

[1]) S. Robert Brown über die Natur der Färbungen des nördlichen Eismeeres, Geogr. Mitth. 1869, Heft 1, SS. 21—23.

Strömen weit nach Süden. Die Schollen waren nicht ganz so gross und schienen auch nicht so dick zu sein wie die an der Grönländischen Seite, ihrem Aussehen nach waren sie aber nicht wesentlich von dem anderen Eise verschieden. Da wir vom Maste aus im Osten und Nordosten einen schmalen Wasserstreifen sehen konnten, so steuerten wir in das Eis hinein und suchten uns durch die bisweilen sehr dichten Treibeismassen einen Weg zu bahnen. Nach vieler Anstrengung und manchen harten Stössen, die das Schiff nothwendiger Weise dabei erhielt, gelang es uns auch gegen 5 Uhr Abends, ein freieres Wasser zu erreichen.

In Nordosten, Osten und Südosten war, so weit wir vom Maste aus sehen konnten, gänzlich freies Wasser, nur im Norden sahen wir das Eis in einiger Entfernung dicht zusammengepackt liegen. Bei einer frischen nördlichen Brise steuerten wir beim Winde über Steuerbordsbug, stiessen aber bald wieder auf Eis, welches sich nach Ost und Südost hin erstreckte, und waren genöthigt, uns längs dessen Rande zu halten, indem wir aufmerksam nach einer Öffnung suchten.

Die Tiefe des Wassers nahm hier ganz bedeutend und sehr rasch ab und wir fanden bald, dass sich eine Bank von 20 bis 30 Faden Tiefe von Norden nach Süden erstreckte. Sie liegt zwischen 19° und 23° Ö. L. und läuft wahrscheinlich bis ganz nach der Bären-Insel.

Nachts war steife Brise mit heftigen Schneeböhen, wir hatten jedoch, da wir uns in Lee vom Eise befanden, ganz schlichtes Wasser und fuhren fort, längs desselben ostwärts zu steuern. Um 10 Uhr versuchten wir es, an einer Stelle durchzubrechen, da wir eine ziemlich grosse Wake in Nordosten sahen; so sehr wir uns indess auch anstrengten, wollte es nicht gelingen, wir blieben vollständig stecken und nach einigen Stunden mühsamer Arbeit mussten wir den Versuch als nutzlos aufgeben und die Eisbank südostwärts zu umsegeln suchen.

Am anderen Morgen (5. Juli) steuerten wir einige Stunden durch Treibeis und kamen dann in eine schöne grosse Wake, so gross, dass wir vom Deck aus nach Norden und Osten nirgends Eis sehen konnten. In dieser Wake kreuzten wir Vormittags nordostwärts und näherten uns auch bald wieder dem Eise, welches ziemlich dicht im Norden zu liegen schien. Mittags befanden wir uns nach astronomischen Beobachtungen auf 75° 40′ N. Br. und 22° 59′ Ö. L., während wir nach der Loggerechnung auf 76° 7′ N. Br. und 25° 19′ Ö. L. sein wollten. Ein so grosser Unterschied kam uns gänzlich unerwartet, und wenn auch die Loggerechnung theils auf Gissung beruhte, da wir nicht regelmässig hatten loggen können, die Rechnung also jedenfalls mit Fehlern behaftet war, so konnte der Fehler doch sicher nicht eine solche Grösse betragen und wir befanden uns zweifelsohne in einem bedeutenden südwestlichen Strome. Dies wurde durch die Beobachtungen des folgenden Tages bestätigt, die abermals eine Abweichung nach SW. zeigten, wenn auch bedeutend weniger, nämlich 8′ S. und 41′ W. Ein Strom von 18 bis 20 Seemeilen in der Richtung SW½W. war also zu der Zeit vorhanden.

Nachmittags kamen wir wieder dicht an die Eisbarrière, und da sich die Schollen einigermassen lose zeigten, so steuerten wir über Steuerbordsbug in das Eis hinein. Der Wind war Nord und es wehte eine steife Brise. Wir drangen ziemlich rasch in ostnordöstlicher Richtung vor bis gegen Abend 8 Uhr, zu welcher Zeit wir genöthigt wurden beizudrehen, da ein dichtes Schneegestöber jegliche Aussicht hinderte und der Wind sich zum Sturm verstärkt hatte. In der Nacht hatten wir wieder einen schweren Kampf gegen Sturm und Eis zu bestehen, wie er nur zu häufig im Treibeise vorkommt. Nur durch die äusserste Aufmerksamkeit, unerschütterliche Ruhe und Besonnenheit und durch genaue Kenntniss der Eigenschaften des Schiffes kann es gelingen, einer Zertrümmerung an den mächtigen Eisblöcken, die Einem überall entgegenstarren und sich wild an einander drängen, zu entgehen. Diese Arbeit wird noch sehr erschwert, wenn dichte Nebel oder Schneegestöber jegliche Fernsicht verhindern, da man dann die Gefahr nicht frühzeitig genug sehen kann. Das Schiff erhielt einige schwere Stösse, die nicht ganz zu vermeiden waren, und der Vordersteven wurde etwas gesplittert; im Übrigen kamen wir ohne Beschädigung frei.

Am anderen Morgen nahm der Wind ab und die Luft hellte sich auf. Wir fanden uns ziemlich dicht vom Eise umgeben und konnten demnach nichts Eiligeres thun, als rasch alle Segel setzen, um nicht gänzlich eingeschlossen zu werden. Eine schöne freie Wasserstrasse zeigte sich in nordöstlicher Richtung, die wir benutzten, um etwas weiter nordwärts zu kommen. Mehrere Stunden steuerten wir zwischen den Treibeismassen hindurch und freuten uns des schönen Fortganges. Aber nicht lange sollte diese Freude dauern: bald wurde das Eis so dicht und wir sahen gegen Norden eine so undurchdringliche Eismasse, dass es unmöglich war, auch nur einen Schritt weiter vorwärts zu kommen.

Wir mussten wenden und lagen ab und zu, auf eine Änderung in der Lage des Eises wartend. Dieselbe trat auch bald ein, nur leider in der umgekehrten Weise, wie wir es erwartet hatten. Der Wind lief gegen Nordwest und West und eine Folge davon war, dass das Eis anfing, sich überall um uns her zusammenzusetzen. Wir mussten schleunigst flüchten und wieder südlich halten, wenn wir nicht besetzt werden wollten.

Mittags war unsere Position nach astronomischen Beobachtungen 75° 38′ N. Br. und 23° 37′ Ö. L. Wir lotheten, fanden aber mit 200 Faden keinen Grund mehr, das Wasser war wieder vollständig blau und durchsichtig und liess auf eine grosse Tiefe schliessen. Die Bank erstreckte sich also nicht weiter nach Osten.

Wir waren demnach in den letzten Tagen trotz aller Anstrengung nicht im Stande gewesen, auch nur eine einzige Meile Nord zu machen; die Eismassen und ein übermächtiger Strom hatten sich als zu grosse Hindernisse erwiesen, als dass sie überwunden werden konnten, und es war uns klar geworden, dass es auf diesem Wege vor der Hand nicht gelingen würde, Gillis-Land zu erreichen. Es wurde daher beschlossen, ganz wieder aus dem Eise herauszusteuern, dasselbe westwärts zu umsegeln und dann einen Versuch zu machen, dicht unter dem Südkap und den Tausend Inseln durchzukommen. Ich war nämlich der Meinung, dass die in den letzten Tagen herrschend gewesenen Nordwinde vielleicht unter dem Lande einige Öffnungen im Eise gebildet hätten.

Mit einer frischen nordwestlichen Brise steuerten wir demnach südwärts und kamen auch gegen 4 Uhr Nachmittags aus dem schlimmsten Eise heraus in ein ziemlich freies Wasser. Hier passirten wir den ersten Eisberg, er war etwa 50 Fuss über dem Wasser, hatte eine kegelförmige Gestalt und sah von Weitem, vorzüglich von Süden aus gesehen, ganz täuschend wie eine Jacht unter vollen Segeln aus. Im Süden war freies Meer und das Eis streckte sich im Allgemeinen direkt nach Westen. Wir steuerten längs dem Rande desselben hin, mit der Hoffnung, bald nach Norden eine Öffnung zu finden, durch welche wir nach dem Südkap durchschlüpfen könnten. So leicht sollte es uns indess nicht werden, vorwärts zu kommen. Durch die letzten Nord- und Nordostwinde hatten sich grosse Flächen Treibeis von den dichten Massen im Norden abgelöst und waren weit nach Süden und Westen vorgeschoben. Wir stiessen immer wieder und wieder auf theilweise dichte Treibeismassen, die wir entweder umsegeln oder durch welche wir uns mit Gewalt einen Weg bahnen mussten.

Am 8. Juli Mittags hatten wir uns bis 17° 57′ Ö. L. auf 75° 16′ N. Br. durchgearbeitet, aber auch jetzt konnten wir noch keineswegs nordwärts halten. Das Eis streckte sich in unabsehbaren Flächen nach Süden und Westen, aller Wahrscheinlichkeit nach bis ganz nach der Bären-Insel, um welche herum zu steuern nicht unsere Absicht sein konnte. Wir drangen deshalb Nachmittags bei bei leichter östlicher Brise in die dichten Treibeismassen

ein, um uns einen Durchgang zu erzwingen, vor Allem da ein dunkler Wasserhimmel im Westen uns sagte, dass das Eis nicht allzu breit sein konnte. Der Wind frischte mehr und mehr auf und drängte uns vorwärts, so dass es uns auch durch den Druck der Segel, Schieben, Stossen und Warpen nach mehreren Stunden angestrengter Arbeit gegen 11 Uhr Abends gelang, das offene Meer im Westen zu erreichen. Das Eis erstreckte sich jetzt in nordwestlicher Richtung weiter und wir steuerten längs dem Rande desselben, in der Hoffnung, bald die westlichste Spitze zu erreichen.

Um Mitternacht ergab sich die Höhe des Sonnenunterrandes im Meridian über dem scheinbaren Horizont 8° 5′ und danach die Breite 75° 51′ N. Die Länge betrug nach dem Chronometer von Abends 6 Uhr auf Mitternacht reducirt 15° 44′ Ö. Wir befanden uns also schon östlich vom Südkap, aber zu unserem grossen Ärger erstreckte sich das Eis noch immer nach Nordwesten und lag so dicht, dass an ein Eindringen nicht zu denken war; wir waren genöthigt, noch weiter westlich zu halten.

Um das Maass der Widerwärtigkeiten voll zu machen, brach in der Nacht wieder ein Sturm aus Osten mit starkem Regen über uns herein; da wir indess in Loh vom Eise keinen Seegang hatten, so führten wir so viel Segel, als das Schiff nur irgend zu tragen vermochte, um nur so rasch wie möglich vorwärts zu kommen. Um 3 Uhr Morgens endlich umsegelten wir die westlichste Spitze des Eises und konnten nun wenigstens direkt nordwärts halten. Der Sturm wurde mittlerweile so heftig, dass wir nothgedrungen dicht reffen und beidrehen mussten; wir machten indess wegen des schlichten Wassers wenig Abtrift und konnten uns in der Nähe des Eises halten, indem wir über Backbordsbug nordwärts trieben.

Unsere Lage war sonach eine äusserst sichere, aber der heftige Ostwind hatte zur Folge, dass die Eismassen immer mehr nach Westen vorgeschoben wurden, und die Hoffnung, das Südkap zu umsegeln, schwand mehr und mehr. Im Laufe des Vormittags wurden wir öfters genöthigt, vor dem Winde zu halten, um mehrere Eisspitzen, die weit nach Westen vorstanden, zu umsegeln. Dadurch kamen wir immer westlicher und befanden uns Mittags bereits auf 13° 42′ Ö. L. unter dem Breitenparallel von 76° 31′ N.

Diess war allerdings eine niederschlagende Thatsache, und obgleich der Ostwind jedenfalls weiter nach Osten Öffnungen im Eise gebildet haben musste, so war doch wenig Aussicht vorhanden, die dichten Eismassen, die sich hier an der Grenze des Golfstromes zusammengestaut hatten, zu durchbrechen. Trotzdem wollten wir noch nicht alle Versuche aufgeben, der Gedanke war uns zu unangenehm; vielleicht gelang es uns noch etwas südlich vom Hornsund, dicht unter die Küste zu kommen, wo wir eine offene Wasserstrasse zu finden hofften.

Als der Sturm des Nachmittags nachliess und die Luft sich etwas aufhellte, sahen wir wieder die Südwestküste von Spitzbergen OzN. von uns, aber in so undeutlichen Umrissen, dass nichts Genaueres darüber auszumachen war. In Nordosten, einige Seemeilen entfernt, lag eine dicht zusammengepackte Eismasse, die sich noch weiter ostwärts nach dem Lande hin zu erstrecken schien. Es wurde Windstille und eine hohe Dünung aus Westen machte sich bemerkbar, die uns näher an das Eis brachte. Abends kam eine leichte Brise aus Süden durch, damit aber zugleich ein so dichter Nebel, dass wir weder Land noch Eis mehr sehen konnten und gezwungen wurden, unsere Stagfock back zu holen, da wir bei der hohen Dünung und dem Nebel nicht in das Eis hinein gehen durften.

Morgens und Vormittags (10. Juli) war meistens Windstille, aber dick vom Nebel. Die Dünung warf uns ganz zwischen die Eisschollen und wir geriethen dadurch in eine höchst unangenehme und einigermaassen gefährliche Lage, die für ein grosses Schiff leicht hätte verderblich werden können, da die mächtigen Eisblöcke in Folge der hohen Dünung oft heftig an einander geschleudert wurden, mit donnerndem Geräusch zusammenstürzten und fortwährend über und über rollten. Ich werde nie dieses wilden Tumultes und wahrhaft grossartigen Anblickes um uns her vergessen, welches uns so recht die eigene Ohnmacht und Kleinheit des Menschen den grossen Naturgewalten gegenüber fühlbar machte.

Ein ungeheurer Eisblock, wahrscheinlich ein alter Geselle, der wohl schon manchen Winter gesehen und bislang kräftig den zerstörenden Einwirkungen der Sonnenstrahlen und der Wogen getrotzt hatte, jetzt aber schon vielfach ausgehöhlt und ausgewaschen war, rollte dicht beim Schiffe hin und her, gleichsam unwillig sein schneebedecktes Haupt schüttelnd, und stürzte zuletzt mit grossem Geräusch gänzlich auf die Seite, die See so aufwühlend, dass wir von dem Schaum bespritzt wurden. Dann brach er mit donnerähnlichem Geprassel zusammen und das Meer wurde rund umher mit seinen Trümmern bedeckt.

Wir konnten uns leider dem Schauspiele um uns her nicht so gänzlich hingeben, wir mussten auf unsere eigene Sicherheit bedacht sein und ernstlich kämpfen, um unser Schiff nicht ebenfalls in Trümmer gehen zu lassen. Durch etwas Bugsiren und kräftiges Absetzen mit den langen Haken gelang es uns auch glücklich, wenigstens den grösseren und gefährlicheren Eisblöcken auszuweichen, obgleich wir oft so heftig gegen kleinere Stücke geschleudert wurden, dass das Schiff vom Kiel bis zum Top erzitterte.

Erst Nachmittags gelang es mit Hülfe eines leisen Windzuges aus Nordwesten, in offenes Wasser zu kommen, und wir mussten hier geduldig warten, bis eine beständige Brise uns wieder regelrechtes Commando über das Schiff geben würde, um unsere Versuche erneuern zu können.

Gegen Abend senkte sich der Nebel etwas und die Spitzen der höchsten Berge wurden sichtbar. Der höchste, den ich für Hornsund-Peak hielt, peilte OzS. (missweisend), etwa 40 Seemeilen entfernt, wonach sich unsere Position zu 76° 50′ N. Br. und 13° 25′ Ö. L. ergab, ein Resultat, welches mit unserer Loggerechnung ziemlich gut übereinstimmte.

Abends um 8 Uhr kam endlich eine frische Brise aus Norden durch, die sich indess so rasch verstärkte, dass wir bald genöthigt wurden, zwei Reffe in das Grosssegel zu nehmen. Die See war wild und unruhig und ging hoch, nichts desto weniger wurden während der Nacht an verschiedenen Stellen Versuche gemacht, um durch die Eisschollen nach dem Lande zu dringen, da ich dicht unter Land sowohl weniger Seegang als auch freieres Wasser zu finden hoffte. Es war aber Alles vergebens, wir mussten immer vor dichten Treibeismassen wenden und wieder in das offene Meer hinaus steuern. Das Eis lag offenbar vom Hornsund bis ganz nach dem Südkap und es wurde uns klar, dass wir vorläufig wenigstens nicht einmal nach den Tausend Inseln durchdringen, geschweige denn Gillis-Land erreichen konnten.

Die Zeit drängte, wir hatten bereits den 11. Juli, und zögernd und mit Ingrimm über abermals fehlgeschlagene Hoffnungen mussten wir nothgedrungen von allen ferneren Versuchen abstehen. Es wurde beschlossen, so bald wie möglich in einen der Spitzbergen-Häfen an der Westküste einzulaufen, dort etwas Ballast und Wasser einzunehmen und dann nordwärts bis an das nördliche Packeis zu steuern. Von hier aus sollte dann die Lage des westlichen Eises bis hinunter nach 73° durchsucht werden, um irgend einen Zugang zur Küste aufzufinden.

Der Wind wurde im Laufe des Tages mässiger und wir lavirten nordwärts längs dem Rande des Treibeises. Letzteres wurde loser und loser, je weiter nordwärts wir kamen, und wir fanden bei den Eis-Inseln die Küste so frei, dass wir bis dicht unter Land laufen konnten. Einen klaren Anblick der Küste bekamen wir indess nicht, da fortwährend nebeliges Wetter herrschte und meistens nur die scharfen Spitzen der Berge aus dem Nebel hervorragten.

Wir fuhren fort, uns gegen einen leichten Nordwestwind nach Norden zu arbeiten, manchmal zwischen losem Treibeise, welches sich in grossen Strömen nach Süden erstreckte, doch meistens im offenen Wasser.

4*

28 Bel-Sund. Anlaufen des nördlichen Packeises. Zusammentreffen mit dem Schiffe „Jan Mayen" &c. &c.

Den 12. Juli Mittags war totale Windstille und schönes klares Wetter. Wir sahen jetzt zum ersten Mal die ganze Küste von Prince Charles Foreland bis Hornsund im prächtigsten Sonnenschein vor uns, — ein imposanter und grossartiger Anblick. Die Berge sind meistens 2- bis 3000 Fuss hoch, mit sehr spitzigen Gipfeln und Kämmen, und steigen meistens steil vom Meere aus auf; zwischen denselben sind tiefe, lang gestreckte Thäler, die jedoch grösstentheils mit Schnee und Eis angefüllt sind, grüne Moosflächen sieht man wohl hie und da, aber im Ganzen weniger. Gefahren für die Schifffahrt sind an der ganzen Westküste wenig oder gar nicht vorhanden; dieselbe ist beinahe überall rein von Untiefen und man kann sich ihr mit dem Schiffe beliebig nähern. Zwischen Hornsund und Bel-Sund liegen einige kleine Inseln und Klippen ganz in der Nähe des Landes, das Loth ist indess bei trübem Wetter hier ein sicherer Führer, der Grund flacht sich allmählich ab und man kann überall bis zu 10 Faden hinunterlaufen [1]).

Gegen Abend (12. Juli) kam eine leichte Brise aus Norden durch, mit derselben aber wieder dichter Nebel; wir kannten indess unsere Position und lavirten längs des Landes, da wir wo möglich in Bel-Sund einlaufen wollten. Am folgenden Mittag hellte sich das Wetter einigermaassen auf, wir sahen Bel-Sund vor uns und steuerten hinein, um unter Middle Hook zu ankern. Das Wetter war schön und es wehte eine leichte Brise, doch waren die Spitzen der Berge in Nebel gehüllt. Langsam liefen wir in den kleinen Hafen am Fusse des hohen Berges ein und ankerten daselbst um 8 Uhr Abends in 5 Faden Wasser.

[1]) Über Spitzbergen s. Geogr. Mittheil., Ergänzungsheft Nr. 16. Das Mémoire zu der Schwedischen Karte ist mir beim Aufsuchen und Einsegeln in die Häfen und Strassen der Insel sehr nützlich gewesen.

6. Bel-Sund. Anlaufen des nördlichen Packeises. Zusammentreffen mit dem Schiffe „Jan Mayen". Zweiter Versuch, die Grönländische Küste zu erreichen.

Nach beinahe zweimonatlichem Kreuzen im Polarmeere hatten wir also zum ersten Male wieder den Anker auf dem Grunde und lagen in einem sicheren und geschützten Hafen. Wir hatten bis jetzt keine Erfolge errungen, überall waren wir zurückgeschlagen worden und von der Erreichung unseres Zieles so weit entfernt wie je; doch waren wir noch immer voll guter Hoffnungen, hatten wir doch Vertrauen zu uns selbst und zu unserem Schiffe gewonnen. Auch der Mannschaft gefiel es sehr wohl im Eismeere, sie waren gesund und guter Dinge und sehnten sich beinahe nach neuen Kämpfen im Grönländischen Eise.

Da keine Zeit zu verlieren war, so sandte ich sofort, nachdem die Segel beschlagen waren und das Deck aufgeklart, Herrn Hildebrandt mit dem Boote ans Land, um nach frischem Wasser zu suchen. Nach Süden zu fiel der Berg steil ab bis ins Meer, und obgleich hier an mehreren Stellen Wasser herunter rieselte, so war doch nirgends genug, um unsere Fässer schnell füllen zu können. Östlich vom Berge hingegen fand sich flaches Land und hier entdeckte Hildebrandt auch nach langem Suchen ein ziemlich grosses und tiefes Wasserbassin, worin sich das klarste und schönste Schneewasser vorfand. Er sah einige graue Füchse, fand dicht beim Hafen auf dem flachen Lande die Ruinen von Hütten, einige Walfischknochen und Renthiergeweihe und brachte einige Flechten, Moose und Blumen mit. Das niedere Land, wie auch der ganze Berg, mit Ausnahme einiger Schluchten, war vollkommen frei von Schnee und Eis und an vielen Stellen mit grünem Moose bewachsen.

Es wurde noch an demselben Abend Alles fertig gemacht, um am folgenden Morgen sofort Wasser und Ballast einnehmen zu können, und die gewöhnliche Ankerwache dann aufgesetzt. Die Nacht, das heisst die Zeit, die man gewöhnlich Nacht nennt, war still und ruhig, aber ein dichter Nebel lag über den Bergen.

Als ich am nächsten Morgen (14. Juli) auf Deck kam, waren die Leute bereits in voller Thätigkeit. Ich hatte ihnen versprochen, sobald Alles gethan und das Schiff wieder segelfertig sei, mit Allen, die Lust dazu hätten, eine Exkursion an das Land zu machen, und sie waren deshalb mit grossem Eifer bei der Arbeit, um so schnell wie möglich fertig zu werden.

Noch immer lag dichter Nebel über Land und Meer, doch schien die Sonne hell und klar hindurch, so dass es mir gelang, eine Reihe von Sonnenhöhen über dem künstlichen Quecksilberhorizonte am Lande zu beobachten, um den Stand des Chronometers zu bestimmen [1]).

[1]) Die Schweden geben die Länge des Hafens unter Middle Hook auf 14° 52' 30" Ö. an. Indem ich diese Länge als richtig annahm, fand ich den Stand von Kessels' Chronometer gegen mittlere Greenwicher Zeit im Mittel aus einer Reihe von Beobachtungen 2",5 nach. Am 22. Mai war der Stand 34",5 vor gewesen und es ergab sich demnach der tägliche Gang 0",7 verlierend, also um 0",3 mehr, als mir in Bergen aufgegeben wurde. Es kann indess sein, dass ich an einem etwas zu östlich gelegenen Orte beobachtet habe und demnach der berechnete Gang zu gross war. In der That haben auch spätere Beobachtungen in der Hinlopen-Strasse wie auch die Vergleichung des Chro-

Bel-Sund. Anlaufen des nördlichen Packeises. Zusammentreffen mit dem Schiffe „Jan Mayen" &c. &c.

Um 3 Uhr waren die Leute vollständig fertig, Ballast am Bord, die Wasserfässer gestaut und das Schiff wieder vollständig klar zu segeln. Noch immer lag dichter Nebel, doch die Sonne schien hell durch, so dass Hoffnung vorhanden war, derselbe werde sich noch im Laufe des Nachmittags vertheilen. Die versprochene Exkursion wurde demnach auch trotz des Nebels ausgeführt.

Wir gingen auf dem flachen Lande ostwärts um den Berg herum bis zur Van Mijen-Bai, wo steil bis zum Wasser abfallende Klippen unser Weiterkommen verhinderten. Die Leute stellten zu ihrem Vergnügen Schiessübungen an, theils um ein vielfaches Echo aus den Schluchten hervorzulocken und überhängende Felsblöcke zum Herabstürzen zu veranlassen, theils um einige köstliche Gänsebraten für eine gute Mahlzeit zu erobern. Letzteres gelang ihnen auch, indem sie mit Schrotschüssen mehrere Gänse erlegten. Renthiere, nach denen eifrig ausgeschaut wurde, waren nirgends zu bemerken, obgleich verschiedene alte Renthiergeweihe und einzelne Spuren davon aufgefunden wurden.

Um 5 Uhr verzog sich der Nebel gänzlich und ich bestieg den mehr als 2000 Fuss hohen Berg, um wenigstens noch eine schöne Aussicht zu geniessen. Der Zimmermann und Paul Tilly gingen mit.

Auf dem Rücken des Berges, der sehr scharf und zackig war, fanden wir einen aufgerichteten Pfahl, in welchen verschiedene unleserliche Namen und das Datum 20. August 1862 eingeschnitten waren. Eine schöne Aussicht über die Gebirge und Gletscher nördlich und südlich vom Bel-Sund belohnte uns reichlich für unsere Mühe; es war die herrlichste Alpen-Landschaft, die man sich nur denken kann. Der grösste Theil der Berge und auch der Thäler war mit Schnee und Eis bedeckt und grüne Stellen nur äusserst spärlich bemerkbar. Es fiel mir als eine Merkwürdigkeit auf, dass gerade Middle Hook am grünsten und am meisten frei von Schnee war, während alle übrigen Berge von Eis und Schnee starrten. Doch ist diess sicher lediglich eine Folge seiner isolirten Lage und der abschüssigen Seiten, an welchen sich keine grossen Schneemassen ansammeln können und wo die Sonne überall ihre ganze Kraft zu entwickeln vermag. Das Innere der Van Mijen-Bai war noch mit einer festen Eiskruste bedeckt, die aber bereits Spuren des Verfalls zeigte, während in der Van Keulen-Bai [1]) nur einzelne Stücke Treibeis zu sehen waren.

nometers in Bergen und Bremerhafen gezeigt, dass derselbe im Mittel seinen Gang von 0",4 verlierend während der ganzen Reise beibehalten haben muss, und es sind hiernach auch alle Längen berechnet. Eine merkbare Unregelmässigkeit im Gange hat der Chronometer niemals gezeigt.

[1]) S. Spezialkarte von Spitzbergen in Geogr. Mittheil., Ergänzungsheft Nr. 16.

Wir schossen noch einige Vögel und fanden den Schädel eines Eisbären unten am Berge, sonst war Nichts von Bedeutung zu bemerken. Die Leute sammelten sich unterdess, um den Rückweg anzutreten. Sie hatten ihre Jagdlust befriedigt, waren müde und hungrig und sehnten sich an Bord nach einem tüchtigen Abendessen und ihrer warmen Koje.

Es war ein herrlicher Abend, die Strahlen der niedrig stehenden Sonne fielen senkrecht gegen die Abhänge des Berges und hatten die Temperatur um mehrere Grade über den Gefrierpunkt erhöht, so dass man, vorzüglich wenn man das Auge auf die grünen Matten warf und nicht über die entfernteren Eisfelder schweifen liess, sich recht gut der Vorstellung hingeben konnte, man befinde sich in südlicheren, freundlicheren Ländern und nicht in den öden, verlassenen, nur von Eis und Schnee starrenden Gegenden Spitzbergens.

Gern wäre ich noch einige Tage in diesem Hafen geblieben, um noch mehrere Exkursionen in das Innere und nach den Gletschern zu machen; doch da die Schweden diesen Theil Spitzbergens bereits vollständig wissenschaftlich untersucht hatten und wir also wenig oder nichts Neues hinzufügen konnten, so war es unsere Pflicht, so bald wie möglich unter Segel zu gehen, um weitere Anstrengungen für die Erreichung des Hauptzieles unserer Reise zu machen. Nichts hielt uns mehr im Hafen fest, wir hatten unseren Zweck vollständig erreicht; Wasser und Ballast war an Bord genommen und, was nicht zu vergessen und keineswegs zu unterschätzen war, die Leute waren durch den kurzen Aufenthalt und die Fusstour am Lande wieder neu erfrischt und gestärkt, so dass sie mit mehr Muth und Freudigkeit weitere Kämpfe bestehen konnten.

Am folgenden Morgen (15. Juli) um 6 Uhr setzten wir daher Segel und lichteten unsern Anker. Der Himmel war bewölkt, aber nicht der leiseste Windhauch zu verspüren, weshalb wir genöthigt wurden, das Schiff aus dem Hafen hinaus zu bugsiren. Ich hoffte, eine Brise würde aufspringen, sobald wir nur etwas mehr frei von dem hohen Lande sind und uns mitten im Sunde befinden würden, doch mussten wir den ganzen Tag bugsiren und erst spät am Nachmittage schwellte ein leichter Wind aus SO. unsere Segel und brachte uns auf die hohe See hinaus. Wir richteten unseren Kurs nach Norden und segelten langsam der Küste entlang.

Das Wetter war in den nächsten Tagen schön, die Luft ruhig und heiter, das Land meistens hell und deutlich zu sehen.

Den 17. Morgens gewährte uns die Küste im hellen Sonnenschein glänzend einen prachtvollen Anblick und wir sahen hier zum ersten Mal die ausserordentlichen Wirkungen einer Strahlenbrechung, wie sie nur in den Polargegenden vorkommt. Die ganze Nordwestküste bis zur Amsterdam-Insel wurde so sehr gehoben, dass man alle Buchten und Inseln deutlich unterscheiden konnte; die merkwürdigsten Gestalten bildeten sich in der Luft und Eiswälle, Berge und Gletscher waren überall umgekehrt zu sehen.

Vormittags hatten wir grösstentheils Windstille, nur bisweilen war ein leiser Zug aus Osten. Die Luft bezog sich indess von Süden aus und es fiel Mittags ein feiner Regen. Unsere Position war 78° 36' N. Br. und 8° 29' Ö. L. Wir fischten an dieser Stelle ein grün angestrichenes eichenes Namenbret auf, welches den Namen „Johannes" in goldenen Buchstaben zeigte. Keinenfalls konnte das Bret einem Walfischfahrer angehört haben, da dieselben dergleichen Namenbreter nicht zu führen pflegen, sondern dasselbe war wahrscheinlich weit von Süden herauf getrieben worden, — ein weiterer Beweis für das Vorhandensein des Golfstromes in diesen Breiten.

Eine frische Brise sprang Nachmittags aus SO. auf, das Wetter war regnerisch und mistig und wir konnten das Land nicht mehr sehen. Da wir indess nach Eis erwarteten, so fuhren wir mit vollen Segeln nordwestwärts rasch weiter mit einem Fortgange von 6 bis 7 Knoten. Gegen 8 Uhr Abends hellte sich die Luft etwas auf und wir sahen im Westen und NW. eine Eisbank am Horizonte. Beim Näherkommen fanden wir das Eis dicht zusammengepackt und waren nun gezwungen, einige Striche mehr nordwärts zu halten. Ein dichter Nebel entzog bald wieder alles Eis unseren Blicken, wir steuerten daher etwas östlicher und hielten während der Nacht einen guten Ausguck, um bei der frischen Brise nicht etwa blindlings in eine Eisbucht hinein zu rennen. Übrigens erwartete ich noch nicht, auf das nördliche Packeis zu stossen, da wir uns nach der Temperatur des Wassers, die nahe an $+4°$ R. war, und der tiefblauen Farbe desselben noch im Golfstrom befinden mussten. Mit einem durchschnittlichen Fortgange von 7¼ Meilen liefen wir auch die ganze Nacht und den folgenden Morgen (18. Juli) durch, ohne irgend welche Hindernisse auf unserem Wege anzutreffen. Erst um 10 Uhr Vormittags sahen wir das nördliche Packeis, dessen Kante sich in gerader Linie unabsehbar nach Ost und West erstreckte, dicht vor uns.

Nach Norden zu über dem Eise war ein heller Eishimmel und so weit das Auge vom Krähenneste aus reichen konnte, lagen die Schollen überall so dicht zusammengepackt, dass nicht eine Stecknadel dazwischen hätte zu Wasser fallen können. Die Schollen waren im Allgemeinen von derselben Grösse, wie wir sie weiter südlich an der Grönländischen Küste angetroffen hatten, mit vielen Eishöckern von 10 bis 15 Fuss Höhe bedeckt; doch schien das Eis stärker und fester zu sein und hatte auch augenscheinlich eine grössere Dicke.

Wir steuerten längs des Eises nach Westen und befanden uns Mittags nach astronomischen Beobachtungen auf 80° 30' N. Br. und 6° 35' Ö. L. Die Temperatur der Oberfläche des Wassers, die schon im Laufe des Vormittags allmählich abgenommen hatte, war hier 0°, während sich in einer Tiefe von 100 Faden $+2°,3$ ergab. Diesen Umstand hat schon Scoresby[1]) beobachtet, ohne gerade eine Erklärung anzugeben. Meine Meinung geht dahin, dass der Golfstrom, den man an der West- und Nordwestküste von Spitzbergen bis über den 80. Breitengrad hinaus verfolgen kann, hier von der Oberfläche verschwindet und seinen Lauf unterhalb des Polarstromes noch weiter nach dem Pol zu fortsetzt. Fortgesetzte Tiefentemperatur-Beobachtungen in diesen Breiten sind indess noch nöthig, um diese Ansicht zur Gewissheit zu erheben.

Nachmittags war eine flaue Brise und mistiges Wetter, bisweilen sehr trübe von Nebel. Um 5 Uhr trafen wir auf den Walfischfahrer „Jan Mayen" von Peterhead, welcher wegen des nebeligen Wetters beigedreht lag. Nach der üblichen Begrüssung durch die Flaggen begab ich mich an Bord desselben, um Briefe hinzubringen und mich nach den Eisverhältnissen zu erkundigen.

Der Kapitän machte mir gute Hoffnungen, indem seine Aussagen in Betreff des Eises auf 74° N. Br. günstig lauteten. Er selbst hatte 20 Jahre in diesen Gewässern gekreuzt und war auch einige Male auf Shannon-Insel gewesen. In diesen hohen Breiten zwischen 76° und 80° westwärts nach der Küste vordringen zu wollen, sei nach seinen Erfahrungen unmöglich, da hier das Eis meistens viel zu massenhaft und dicht zusammengepackt läge. Wenn er nach der Küste wollte, so steuerte er direkt südwärts und ginge nicht eher in das Eis hinein, als bis er die Breite von 74° erreicht hätte, erst dann hielte er westwärts und bräche quer durch den Eisstrom. Hätten dann anhaltend westliche Winde geweht, so sei die Küste im Juli mit einem geeigneten Dampfer, ja auch Segelschiff, in den meisten Fällen zu erreichen und auch weiter nordwärts vorzudringen.

Wir sprachen noch viel über die Eisschifffahrt und die Gefahren derselben. Letztere hielt er bei geeigneter Führung und einem guten, starken Schiffe nicht für so übermässig gross, wie sie wohl vielfach geschildert werden. Man könne ziemlich sicher vor Schiffbruch sein, wenn man nur einen guten Ausguck hielte und ein scharfes

---

[1]) Scoresby, Account of the Arctic Regions, pp. 184, 187.

Bel-Sund. Anlaufen des nördlichen Packeises. Zusammentreffen mit dem Schiffe „Jan Mayen" &c. &c.

Auge auf die Bewegungen der Felder und Flarden hätte; auch wäre hier einem Manne von Intelligenz keine so langjährige Erfahrung nöthig, man könnte in einem oder höchstens zwei Jahren genug davon kennen lernen. Er sagte ferner, dass die Nordküste von Spitzbergen beinahe bis zum 81. Grad vollständig frei von Eis wäre, wir befänden uns in einer Bucht, die sich noch einige Meilen weiter nach Westen erstrecke, das Eis wäre aber dort auch überall dicht und undurchdringlich. Wollte ich südwärts steuern, so würde ich wohl bei dem herrschenden Winde (er war OSO. rechtweisend) einen oder zwei Gänge nöthig haben, um die östlichste Eisspitze zu umsegeln.

Gegen 11 Uhr Abends kehrten wir an Bord unseres Schiffes zurück, ich setzte sofort alle Segel beim Winde und steuerte südwärts. Die Aussage des Mr. Martin in Betreff des Eises erwies sich als vollkommen richtig; wir mussten einige Male wenden und umsegelten erst um 8 Uhr am folgenden Morgen (19. Juli) die östlichste Eisspitze. Das Eis streckte sich nun wieder nach 88W. (rechtweisend), war aber überall dicht und undurchdringlich. Ich hielt einen direkt südlichen Kurs, um nicht unnöthiger Weise wieder in eine Eisbucht hinein zu gerathen, denn ich konnte immer erwarten, das Eis für die nächsten Breitengrade bis gegen 5° Ö. L. vorgeschoben zu finden.

Der Wind lief im Laufe des Tages nördlich, das Wetter war nebelig, so dass wir das Eis nicht sehen, wohl aber die dagegen schlagende Brandung hören konnten. Nachmittags um 6 Uhr sahen wir wieder Eis vor uns, welches sich aber nur bis Süden (rechtweisend) erstreckte; weiter östlich schien gänzlich freies Meer zu sein und wir behielten demnach unsern Kurs bei, da ich der Meinung war, dass uns derselbe nicht mehr mit Eis zusammenführen würde. Der Nebel verdichtete sich gegen Abend so sehr, dass wir kaum zwei Schiffslängen weit sehen konnten. Wir passirten mehrere grosse, jedoch vereinzelte Eisschollen, und es wäre jetzt am Ende das Gerathenste gewesen, bei dem dichten Nebel entweder beizudrehen oder beim Winde ostwärts zu steuern, doch konnte ich mich weder zu dem Einen noch zu dem Anderen entschliessen, weil ich nicht gern den günstigen Wind verlieren wollte. Nach der Loggerechnung befanden wir uns auch beinahe auf dem 6. Grade östl. Länge, und wenn diese Länge richtig war, so mussten wir nothwendiger Weise mit Süd-Kurs von allem Eise frei kommen.

Wider Erwarten wurden die Schollen um uns her dichter und dichter, die Wasserkanäle enger und complicirter, so dass wir schon um 10 Uhr nicht mehr wenden konnten und nur auf gut Glück weiter steuern mussten, mit der Hoffnung, bald wieder in freies Wasser zu kommen.

Um 11 Uhr war indess keine Öffnung mehr zu sehen und wir wurden gezwungen, wegen des dichten Nebels an einer Scholle zu ankern, da wir nicht sehen konnten, nach welcher Richtung wir arbeiten mussten, um uns wieder zu befreien. Gegen 1 Uhr verzog sich der Nebel auf einige Augenblicke und wir sahen uns nun vollständig von dichtem Eise eingeschlossen. Gegen Westen erstreckte sich dasselbe unabsehbar, in Süden, Osten und Norden jedoch war in einer Entfernung von etwa 2 Seemeilen offenes Meer zu sehen. Da der Wind nördlich war, so konnten wir nach Süden zu noch am leichtesten vordringen. Die Wache wurde daher geweckt, um das Schiff mittelst Warpens, Schiebens, Stossens und Segeldruckes durch die dichten und schweren Eismassen hindurch zu arbeiten. Dies gelang uns auch nach 10stündiger ununterbrochener schwerer Arbeit und wir kamen am 20. Juli gegen Mittag wieder in ein gänzlich offenes Meer.

Die Sonne schien mehrere Male hell durch den dichten Nebel hindurch und ich konnte über dem künstlichen Horizonte mehrere Höhen beobachten, wonach unsere Position um Mittag 79° 15' N. Br. und 4° 0' Ö. L. war, während die Loggerechnung 79° 28' N. Br. und 5° 38' Ö. L. ergeben hatte, — kein Wunder, dass wir so in das Eis hinein gerathen waren.

Die Schollen zeigten sich im Allgemeinen massiver und dicker wie auf 74 Grad und das Eis war so hart und fest wie Marmor. Der Steven hatte durch die Stösse gegen dieses harte Eis wieder einige Wunden mehr bekommen, indess im Übrigen hatte das Schiff wenig gelitten.

Im Laufe des Nachmittags geriethen wir noch einige Male in Treibeis, welches jedoch so lose lag, dass wir bequem hindurch steuern konnten. Nachts wehte eine frische Brise und das Wetter war klar und schön, nur bisweilen war ein leichter Nebel bemerkbar. Da wir kein Eis mehr sahen, hielten wir einige Striche mehr westlich, um uns nicht allzu weit von der festen Eiskante zu entfernen.

In den nächsten Tagen war das Wetter schön, der Wind mässig und gut und wir machten einen erfreulichen Fortgang. Nichts Bemerkenswerthes ereignete sich, wir hielten allmählich einen immer westlicheren Kurs, etwa an der Grenze des Golfstromes entlang, und befanden uns Mittags den 23. Juli auf 75° 50' N. Br. und 2° 52' W. L. Der Wind war durch NW. nach West und SW. gelaufen und wir steuerten nun beim Winde über Steuerbordsbug direkt westwärts, um das Eis wieder anzulaufen und nach Umständen hier einzudringen. Abends steife Brise bei bedeckter Luft; wir passirten um 8 Uhr eine Menge vereinzelter Eisschollen von beträchtlicher Grösse, fanden aber weiter westwärts wieder völlig freies Wasser.

Erst um Mitternacht stiessen wir auf mehr Eis. Es war ein Strom, welcher sich nach Nord und Süd erstreckte und den wir südwärts umsegeln mussten. Nach dieser Richtung kreuzten wir dann auch mehrere Stunden, bis wir die südliche Spitze erreichten. Beim weiteren Vordringen trafen wir abermals auf Eis, welches nach Ost und West lag. Wir steuerten mehrere Stunden westwärts in Leh vom Eise, demselben entlang, bis wir fanden, dass es sich mehr nach NW. unabsehbar ausdehnte. Ich benutzte deshalb eine kleine Öffnung, um über Backbords-Bug die Luvseite der Bank zu erreichen, da augenscheinlich in südwestlicher Richtung noch viel freies Wasser zu sehen war.

Sehr viele Seehunde, die uns neugierig anschauten, lagen hier auf den Schollen, gingen aber bei unserer Annäherung sämmtlich ins Wasser.

Mittags (24. Juli) befanden wir uns auf 75° 50′ N. Br. und 7° 2′ W. L. Bis dahin war unser Vordringen gegen Westen mit keinerlei Schwierigkeiten verbunden gewesen und wir hatten auch die beste Hoffnung, jetzt endlich noch die Küste zu erreichen, vor Allem deshalb, weil wir das Eis doch bedeutend mehr nach Osten vorgeschoben und auch viel loser fanden als vor einem Monate. Eine Menge Treibeis hatte sich, wie wir sahen, gänzlich von der grossen Masse losgelöst und überall konnten wir uns bequem hindurch bewegen. Wir drangen auch am nächsten Tage zwischen diesem Eise erfolgreich vor und befanden uns am 25. Juli Mittags bereits auf 9° 45′ W. L. Nachmittags war eine steife südwestliche Brise und etwas heisse Luft; wir wendeten um 2 Uhr westwärts, da im Süden und SO. ziemlich dichtes Treibeis sichtbar wurde. Gegen 4 Uhr sahen wir auch im Westen wieder mehr Eis, da sich dasselbe aber lose genug zeigte, so drangen wir ohne Weiteres ein. Das Eis wurde etwas dichter, doch so weit wir vom Maste aus sehen konnten, war noch immer Wasser genug zwischen den Schollen und Flarden sichtbar, um mit einigen geschickten Wendungen hindurch steuern zu können.

Wir hatten schon die beste Hoffnung, hier einen tüchtigen Gang nach Westen zu machen, aber leider zog gegen 8 Uhr ein so dichter Nebel herauf, dass es Wahnsinn gewesen wäre, auf gut Glück weiter zu steuern. Die Wasserkanäle zwischen dem Eise waren bereits zu eng geworden, um das Schiff mit Sicherheit in dem Nebel an derselben Stelle halten zu können. An einer Scholle festzulegen, war bei der steifen Brise und dem wenigen Wasser auch eine riskante Sache und es blieb uns also Nichts weiter übrig, als genau denselben Weg wieder zurückzusegeln, den wir gekommen waren, was der Wind glücklicher Weise gestattete. Unsere Position war zu dieser Zeit 75° 20′ N. Br. und 11° 9′ W. L.

Um 12 Uhr Nachts spürten wir wieder etwas Dünung aus SO., ein Zeichen, dass wir nach Süden zu für die nächsten Meilen kein Eis mehr zu erwarten hatten. Wir steuerten deshalb beim Winde über Backbordsbug, mussten aber noch immer einen scharfen Ausguck halten, da von Zeit zu Zeit drohende Eismassen aus dem Nebel auftauchten und zum Ausweichen zwangen. Die See fing an, sehr hoch zu gehen, und das Schiff arbeitete bisweilen schwer; der Nebel war so intensiv, dass wir kaum 100 Schritt weit sehen konnten. Um uns indess nicht wieder zu weit vom Eise zu entfernen, wendeten wir gegen 8 Uhr Morgens westwärts und liessen unter kleinen Segeln langsam beim Winde laufen.

Zu unserer grossen Freude verzog sich Mittags (26. Juli) der Nebel gänzlich und wir konnten eine genaue Meridianhöhe der Sonne bekommen, wonach sich die Breite von 75° 3′ N. ergab. Diess war die richtige Position, um einen energischen Versuch zu machen, die Eisbarrière bis zur Küste zu durchbrechen, wenn es noch irgend möglich sein sollte.

Der Wind, der bis dahin südlich gewesen war, lief nach NW. und nahm bis zu einer leichten Brise ab. Das Wetter wurde wunderschön und der Himmel vollkommen wolkenleer. Ein schöneres Wetter und einen besseren Wind konnten wir uns zum Eindringen in die Eismassen nicht wünschen und es wurden deshalb auch alle nur möglichen Segel beigesetzt, um schnell genug vorwärts zu kommen.

Das Eis liess nicht lange auf sich warten, es zeigte sich in grossen Bänken und Strömen, zwischen welchen indess so viel freies Wasser bemerkbar war, dass sich ohne besondere Schwierigkeit hindurchsteuern liess. Bevor wir aber weiter vordrangen, drehten wir dicht unter Leh von einer Bank zusammengepackten Treibeises bei, um unseren verwundeten Steven mit einer Matte, die wir zu dem Zwecke eigens gemacht hatten, so gut es gehen wollte, zu verbinden. Auf harte Stösse konnten wir uns gefasst machen, aber eine weitere Zersplitterung des Stevens unmöglich dulden, wenn wir nicht befürchten wollten, den ganzen inneren Holzverband zu beschädigen und dadurch das Schiff vollkommen leck zu machen.

Um 10 Uhr Abends waren wir damit fertig und steuerten nun beim Winde in das Eis hinein, welches sich überall hinreichend lose zeigte. Der Wind lief nördlich und frischte etwas an, so dass wir rasch vorwärts kamen. Die Dünung der See war bereits nach einigen Stunden vollkommen verschwunden und am Morgen (27. Juli) waren wir ringsum von Eisschollen und grossen Flarden umgeben. Das Wetter war herrlich und die Sonne schien hell und klar über die Eismassen. Mittags befanden wir

Bel-Sund. Anlaufen des nördlichen Packeises. Zusammentreffen mit dem Schiffe „Jan Mayen" &c. &c. 33

uns nach astronomischen Beobachtungen auf 74° 42' N. Br. und 11° 26' W. L.

Es gewährte mir ein ausserordentliches Vergnügen, bei dem wunderschönen Wetter das Schiff zwischen den ungeheueren Eisblöcken, hindurch zu steuern, die so ruhig und still da lagen und so harmlos aussahen, als ob sie niemals einem armen Schiffe Schaden zufügen könnten. Mit einem Fortgange von 3 bis 4 Knoten gehorchte das Schiff dem Steuer ausserordentlich schnell und wir wanden uns durch die engsten und complicirtesten Kanäle, ohne auch nur ein einziges Mal mit einer Scholle in Berührung zu kommen. Einem grossen Schiffe wäre es niemals möglich gewesen, sich so leicht und rasch durchzuarbeiten.

Die Mitternachtssonne, die mit ihren schrägen Strahlen die Spitzen der Eisblöcke vergoldete, fand uns noch immer zu unserer grossen Freude westwärts steuernd. Eine starke Strahlenbrechung, die das Eis im Westen bedeutend erhöhte, zeigte uns indess leider, dass nur sehr wenig offenes Wasser mehr vorhanden war und es mit unserem Fahren sehr bald ein Ende haben möchte. Das Eis am Horizonte war sämmtlich umgekehrt in der Luft zu sehen und hatte ganz den Anblick einer festen senkrechten Eiswand. Wasser war nirgends dazwischen wahrzunehmen. Das waren allerdings trostlose Aussichten, doch wollten wir wenigstens so weit wie möglich vordringen und blieben daher bei unserem Kurse oder demselben so nahe, als es uns das Eis gestattete. Es konnte ja möglicher Weise noch eine Änderung im Eise eintreten und neue Öffnungen konnten sich bilden. Das Eis wurde mittlerweile immer grösser und mächtiger, die Schollen hatten grossen Flarden Platz gemacht und hie und da zeigten sich unabsehbare zusammenhängende Felder. Um 3 Uhr steuerten wir eine halbe Stunde durch junges Pfannkucheneis hindurch, welches sich wahrscheinlich bei der letzten Windstille gebildet hatte.

Gegen 4 Uhr kamen wir in ein grosses freies Wasserbecken von mehreren Seemeilen im Durchmesser, doch hier wurde unser weiteres Vordringen mit einem Male vollständig gehemmt. Gegen Westen lagen grosse, ungeheuere Flarden und Felder so dicht zusammengepackt, dass nirgends die geringste Wasserader dazwischen zu entdecken war. Der äusserst helle und weisse Eisblink zeigte ohnedies zur Genüge, dass wir hier wenigstens auf keine Weise durchdringen konnten. Es schien, als müssten wir uns noch etwas weiter südlich wenden, um einen Durchgang zur Küste zu erzwingen, doch auch nach dieser Richtung zeigte sich nichts Tröstliches und vor der Hand blieb uns kaum etwas Anderes übrig, als in dieser Wake zu kreuzen und auf eine weitere Änderung dieses Zustandes zu warten.

Auf einer grossen Flarde, an der wir vorbeisegelten (28. Juli), zeigten sich mehrere schöne Tümpel mit süssem Wasser, und da wir doch nichts Dringenderes zu thun hatten, so ankerten wir hier, um bei Gelegenheit unseren Wasservorrath zu ergänzen. Vormittags war totale Windstille, wir blieben deshalb ruhig liegen und hatten Musso, nnsere Umgebung zu betrachten und Beobachtungen über die Bewegung des Eises anzustellen. Gegen Süden schien sich die Öffnung allmählich zu erweitern, nach Norden und Nordwesten dagegen zu verengern. Hildebrandt und Sengstacke fuhren mit dem Boote nach einer entfernteren Scholle, auf welcher sie eine grosse Klappmützen-Robbe liegen sahen, die sie denn auch glücklich erlegten und mit an Bord brachten. Ich stellte unterdess die nöthigen astronomischen Beobachtungen an, um den Ort des Schiffes zu bestimmen. Dieselben ergaben 74° 33',8 N.Br. und 14° 10' W. L. Wir warfen das Loth aus, fanden aber mit 400 Faden noch keinen Grund.

Nach Mittag machte sich eine leichte Brise aus SSO. auf, ein unglücklicher Wind, der das Eis nur noch mehr zusammenschieben musste und wahrscheinlich auch unseren bittersten Feind, den Nebel, wieder heraufbeschwor. Wir waren mit unserer Flarde dem Eise im Norden sehr nahe gekommen und mussten deshalb wieder unter Segel gehen. Wir lavirten südwärts, nach welcher Richtung sich noch ein mehrere Seemeilen breites und langes Wasserbecken zeigte. Eine dicke Nebelbank wälzte sich bereits von SO. her über die Eisschollen langsam gegen uns heran und trotz unserer grimmigen und drohenden Blicke, mit denen wir unseren alten Feind ansahen, wurden wir doch nach wenigen Stunden vollständig eingehüllt. Zum Glück hatten wir uns die Lage des Eises genau gemerkt und wussten, wo wir das offene Wasser zu suchen hatten. Wir hielten daher das Schiff unter Segel, ohne besonders viel vom Eise belästigt zu werden. Der Nebel wurde indess immer dichter, so dass wir bald keine Schiffslängo weit mehr sehen konnten, dabei verstärkte sich der Wind so sehr, dass es schliesslich wirklich gefährlich wurde, das Schiff noch länger unter Segel zu halten.

Wir ankerten deshalb um 8 Uhr Abends an einem grossen Felde, wo wir mit Sicherheit wenigstens so lange liegen bleiben zu können glaubten, bis der Nebel sich entfernt haben würde. Ich ging in die Kajüte, um einige Stunden Ruhe zu geniessen, indem ich Herrn Hildebrandt Ordre gab, scharf auszugucken und mich bei der geringsten Änderung zu wecken.

Für diess Mal sollte ich aber keinen Schlaf bekommen; ich hörte bald, dass die Mannschaft am Deck mit den Tauen wirthschaftete und das Schiff in eine andere Lage brachte. Herr Hildebrandt kam auch bald herunter und kündigte mir an, dass einige grosse Eisblöcke direkt in den Wind nach uns zu treiben und uns zu zermalmen drohten. Ich sprang sofort aufs Deck. Eine grosse Scholle, die wohl 10 Fuss über Wasser hatte, trieb mit grosser Schnelligkeit gerade gegen uns an. Wir hatten noch eben Zeit, das Schiff rasch etwas weiter nach hinten zu holen, als die Scholle gerade vor unserem Klüverbaum heftig mit dem Felde zusammenstiess. Hätte sie uns getroffen, wir wären sicherlich vollständig zu einem Pfannkuchen zusammengedrückt worden.

Was nun thun? Wir befanden uns in einer äusserst misslichen Lage. Bei dem sehr dichten Nebel unter Segel zu gehen, war unmöglich, da wir nicht mehr wussten, wie sich das Eis mittlerweile versetzt hatte und wo wir Öffnungen suchen sollten; liegen bleiben in beständiger Besorgniss, einer ähnlichen Gefahr wie die eben entronnene zu verfallen, war beinahe eben so schlimm. Doch war das Letztere am Ende noch von beiden Übeln das geringere, da wir durch unausgesetzte Aufmerksamkeit dem Eise wohl noch ausweichen konnten. Wir warteten also der Dinge, die da kommen sollten.

Der Nebel verzog sich glücklicher Weise um 10 Uhr auf einen Augenblick, so dass wir einen Überblick auf einige Seemeilen in die Runde erlangen konnten. Im Süden und Südosten zeigte sich noch immer hinreichend Wasser zum Manövriren des Schiffes, doch waren uns die Eisfelder im Norden so nahe auf den Pelz gerückt, dass nur noch eine Wasserstrasse von einigen Schiffslängen Breite vorhanden war und wir unfehlbar eingeschlossen worden wären, wenn wir nur noch eine einzige halbe Stunde an unserem Platze festgehalten hätten. So schnell wie möglich wurden daher alle Segel beigesetzt, die Anker an Bord genommen und das Schiff in Gang gebracht. Wir mussten natürlich gegen den Wind kreuzen, um offenes Wasser zu halten. Der Nebel verdichtete sich wieder wie vorhin, der Wind wurde stürmisch und wir wurden genöthigt, ein Reff in unser Grosssegel zu nehmen. Unsere ganze und stete Aufmerksamkeit war jetzt erforderlich, um das Schiff noch mit einiger Sicherheit bei dem starken Winde zwischen den sich oft drängenden Schollen und Flardon hindurch zu arbeiten. Ohne heftige Stösse kamen wir nicht weg, doch that die Matte gute Dienste und der Steven wurde nicht weiter beschädigt.

Gegen 1 Uhr Morgens verzog sich der Nebel vollständig und das Wetter wurde klar und heiter. Der heftige Südwind stauete indess überall im Norden und Westen das Eis zusammen und die Öffnungen schwanden mehr und mehr. Wir lagen über Backbordsbug ostwärts, aber immer mit der Absicht, wieder nach SW. zu wenden, sobald wir Platz dafür bekämen und in dieser Richtung sich das Eis einigermaassen lose zeigen würde. Aber es wollte uns nicht gelingen, hinter uns schloss sich das Eis mehr und mehr und es blieb uns zuletzt Nichts weiter übrig, als uns wieder nach Osten zurückzuziehen, wenn wir nicht besetzt werden wollten. Auf diese Weise kamen wir, ohne es zu wollen, gegen 6 Uhr Morgens (29. Juli) in ein grosses offenes Wasser. Da der Wind noch mehr zugenommen hatte, so nahmen wir das zweite Reff in das Grosssegel und lavirten nun gegen den Wind auf, so gut es gehen wollte.

Unser zweiter Versuch, die Küste zu erreichen, war also abermals misslungen. Die Jahreszeit rückte mehr und mehr vor, die Sonne berührte um Mitternacht schon beinahe den Horizont und bereits bildete sich bei Windstillen junges Eis zwischen den Schollen. Gleichwohl war es noch immer früh genug; gelang es uns nur noch im Anfang August, die Küste zu erreichen, so hatten wir noch immer einen ganzen Monat zur Erforschung derselben vor uns und konnten einige werthvolle Entdeckungen machen. Wir waren deshalb durch die fehlgeschlagenen Versuche keineswegs entmuthigt, vielmehr eifriger als je auf die Erreichung der Küste.

Den Tag über fuhren wir fort, südwärts gegen den Wind aufzukreuzen, oft zwischen dichten Treibeismassen, oft in gänzlich freiem Wasser. Obgleich der Wind sehr heftig wehte, war doch nicht der geringste Seegang im Wasser, die Luft war etwas heilig, sonst wolkenleer. Erst in der folgenden Nacht wurde das Treibeis loser und loser, es bildete lange Ströme, die sich nach Nord und Süd erstreckten, und ein hoher Seegang zeigte uns jetzt, dass wir uns wieder in einem gänzlich offenen Meere befanden.

Gegen Morgen (30. Juli) abnehmender Wind und Seegang, der Himmel war rein und wir setzten wieder alle dienlichen Segel, um abermals in das Eis einzudringen, welches sich noch immer im Westen zeigte. Unsere Position war Mittags 74° 9',7 N. Br. und 12° 38' W. L.

So rasch sollten wir indess dies Mal nicht dazu kommen. Eine eintretende totale Windstille stellte unsere Geduld wieder einmal auf die Probe und zum Überfluss bildete sich im Ost und Nordost eine dicke Wolkenbank, die mit Nebel oder trübem Wetter drohte. Gegen 7 Uhr Abends hatten wir auch richtig die ganze Bescherung: Wind aus Nordost und die Luft dick von Regen und Nebel. Bei solchem Winde und trübem Wetter in das Eis hinein zu laufen, wäre unsinnig gewesen und wir sahen uns daher, als wir um 10 Uhr Abends in die Nähe des Eises kamen, genöthigt, über den anderen Bug zu gehen und einfach beizudrehen. Ich legte mich zu Koje, um meinen Ärger zu verschlafen.

Am anderen Morgen (31. Juli) liess der Regen zwar nach, aber der unausbleibliche und unausstehliche Nebel hatte wieder Alles mit einem dichten Schleier überzogen und wir mussten volle 24 Stunden beigedreht liegen, ohne irgend Etwas thun zu können. Wir schliefen, assen und tranken, und um den Missmuth zu vertreiben, spielte ich mit Herrn Hildebrandt einige Partien Schach.

Erst gegen Mittag des 1. August fiel der Nebel ein wenig, der Wind, der bis dahin nördlich gewesen war, lief mehr nach NW. herum und wir setzten deshalb ohne Verzug alle nur dienlichen Segel, um einen letzten Versuch zu machen. Gelang es uns diess Mal nicht besser, so konnten wir nur alle Hoffnungen, die Küste noch zu erreichen, aufgeben. Der Strom setzte uns immer mehr südlich und ehe es uns nach einigen Tagen fruchtlosen Arbeitens gelingen konnte, nur einmal wieder die richtige Breite zu erreichen, brachen die Nächte über uns herein und die günstige Jahreszeit war vorüber.

Um 3 Uhr Nachmittags sahen wir auch wieder das Eis, welches in langen Streifen lag und sich ziemlich lose zeigte. Wir steuerten sofort beim Winde hinein und drangen auch bis gegen Mitternacht gut vor, doch nun überfiel uns abermals ein so dichter Nebel, dass es rein unmöglich wurde, auch nur einen Schritt weiter zu kommen. Es war zum Tollwerden mit diesem immerwährenden Nebel, der sich alle Augenblicke an unsere Fersen hing und überall hemmend in den Weg trat. Zurück wollten wir aber diess Mal unter keiner Bedingung und wir hielten uns deshalb zwischen den Schollen, um, sobald es sich nur einigermaassen aufhellen würde, wieder weiter vordringen zu können.

Zum Glücke wurde es auch nach einigen Stunden wieder etwas heller und wir konnten weiter segeln. Die Schollen und Flarden wurden dichter und dichter, so dass wir oft Mühe hatten, uns hindurch zu winden, ja bisweilen gezwungen wurden, mit Gewalt durchzubrechen. Wir hielten indess an und hatten auch bis gegen 10 Uhr Vormittags (2. August) einen ganz leidlichen Fortgang. Doch nun wurden die Kanäle so eng und lagen dazu in einer Richtung, nämlich gegen West und NNW., die wir mit dem Winde, welcher NW. war, nicht aufliegen konnten, so dass wir gezwungen wurden zu warten. Zum Aufkreuzen gegen den Wind war nämlich nicht Raum genug. Hier merkten wir wohl den Mangel der Dampfkraft. Der Wind war NW. (rechtweisend), der beste, den man sich im Grönländischen Eise nur wünschen kann, da derselbe das Eis am meisten lose macht und aus einander treibt; das Wetter war hell und klar und das Eis zeigte Kanäle genug zum Durchschlüpfen. Es kam aber Alles darauf an, dieselben so schnell wie möglich zu benutzen, ehe sie sich wieder schlossen oder ehe abermals schlechtes Wetter eintrat, was mit einem Dampfer leicht genug gewesen wäre. Uns blieb Nichts weiter übrig, als an einer Flarde zu ankern und zu warten, ob sich die Oeffnungen noch ein wenig mehr erweitern würden.

Der Wind frischte im Laufe des Nachmittags etwas mehr auf und es fing an zu schneien. Das Eis ging aber in Folge der frischen westlichen Brise mehr und mehr aus einander und wir konnten Abends wieder unter Segel gehen, um nach Westen aufzukreuzen. Augenscheinlich löste sich das Eis mehr ab und wir kamen in immer freieres Wasser, je weiter wir westwärts verdrangen. Einmal hatten wir sogar eine Wasserstrecke von mehreren Meilen Länge und etwa einer Seemeile Breite vor uns, die sich nach WSW. erstreckte. Wir segelten derselben entlang, indem wir gelegentlich wendeten, um nicht zu viel Süd mehr zu holen. Um 12 Uhr kamen wir indess an eine Reihe von Flarden, die ziemlich eng zusammengepackt lagen. Hinter denselben war vom Maste aus ein schmaler Streifen freien Wassers zu sehen und wir versuchten es deshalb zu verschiedenen Malen, an mehreren Stellen durchzudringen, aber immer vergebens; die Flarden waren zu gross, um sie mit unserem kleinen Schiffe auf die Seite schieben zu können. Wir ankerten deshalb, um auf weitere Oeffnung zu warten, die sich denn auch gegen 4 Uhr Morgens gebildet hatte.

Der Wind war sehr leicht, das Wetter schön und der Himmel beinahe gänzlich ohne Wolken. Wir gingen unter Segel und durch Laviren und theilweises Bugsiren gelang es uns auch nach einigen Stunden, westwärts von den Flarden zu kommen, wo wir vollkommen Raum zum freien Bewegen zwischen Schollen fanden, die nicht allzu gross und mächtig waren.

Vormittags (3. August) war meistens Windstille bei schönem klaren Wetter und prächtigem Sonnenschein. Zu solchen Zeiten ist es besonders schön und grossartig im Eise, Gefahr ist dann nirgends vorhanden und man kann sich mit aller Ruhe dem Anschauen der herrlichen Scenerie hingeben. Durch die mächtige Wirkung der Sonnenstrahlen wird das Eis lose und mersch, alle Augenblicke brechen grosse Blöcke krachend zusammen, die ungeheueren Felder und Flarden bersten und ein vielfaches dumpfes Echo von den verschiedenen hohen Eisblöcken unterbricht oft das tiefe Schweigen der Windstille. Einen schöneren Tag hatten wir nie vorher im Eise erlebt und ewig wird mir derselbe erinnerlich bleiben.

Mittags war unsere Position nach sehr guten astronomischen Beobachtungen 73° 19′ N. Br. und 16° 37′ W.L. Wir sahen die Küste in westlicher Richtung deutlich vor uns und hatten die beste Hoffnung, jetzt endlich unseren Zweck zu erreichen. Eine leichte Brise sprang aus SW. auf und wir wandten uns bis gegen 4 Uhr Nachmittags zwischen dichten Treibeismassen hindurch, kamen aber dann in ein so freies Wasser, dass wir vom Deck aus nach Westen zu kein Stück Eis mehr sehen konnten und es aussah, als ob das freie Wasser die Küste unmittelbar bespülte.

Unsere Freude über diesen Umstand war indess nicht von langer Dauer, schon nach einer Stunde kamen wieder mehrere Eisspitzen zum Vorschein und beim Näherrücken bemerkten wir zu unserem Schrecken, dass wir ein einziges Feld von ungeheuerer Ausdehnung vor uns hatten, dessen Ende weder im Norden noch im Süden abzusehen war. Unser Fortgang war also vollständig gehemmt und wir wussten im Augenblicke wahrlich nicht, wohin wir uns wenden sollten.

Längs des Feldes nach Norden zu steuern, hätte wenig oder gar Nichts genützt, da wir in dieser Richtung etwa 4 Seemeilen entfernt ungeheuere Flarden dicht zusammengepackt liegen sahen, die wir ostwärts hätten umsegeln müssen. Ob wir aber dann, vielleicht nach mehreren Tagen Arbeit, eine Öffnung nach Westen finden würden, war, nach unseren letzten Versuchen zu urtheilen, leider sehr unwahrscheinlich. Nach Süden zu lagen Treibeismassen, die allerdings mehrere Öffnungen zeigten, aber einerseits gestattete uns der Wind nicht, hier einzudringen, und andererseits konnte es zu gar Nichts führen, eine noch südlichere Breite anzulaufen; wir befanden uns ohnehin südlich genug. Wir ankerten also, um zu beobachten, ob irgend eine Änderung in der Lage des Eises eintreten würde.

Es wurde uns indess nicht lange Ruhe gegönnt. Der Wind aus Süden, der mehr und mehr anfrischte, trieb eine Menge Schollen gegen uns und wir wurden gezwungen, nach einigen Stunden wieder unter Segel zu gehen und uns etwas mehr nordwärts zu halten. Noch will ich erwähnen, dass wir am Nachmittage mit 250 Faden Grund gefunden hatten (weichen Schlick).

Wie es bei Südwinden gewöhnlich der Fall gewesen war, so zog auch jetzt wieder ein dichter Nebel herauf und nöthigte uns beizudrehen. Wir hatten indess in dem ziemlich freien und offenen Wasser keine Noth und kamen wenig oder gar nicht mit Eis in Berührung, konnten aber Nichts weiter thun und mussten geduldig auf klares Wetter warten.

Der Wind lief allmählich ostwärts herum nach Norden und das Wetter hellte sich endlich spät Abends am 4. August wieder auf. Unsere grosse Wake hatte sich in den letzten 24 Stunden während des Nebels merklich verengt, nur gegen Norden war noch einigermaassen freies Wasser zu sehen und wir kreuzten in dieser Richtung längs des grossen Feldes auf, um zu sehen, ob dasselbe irgend einen Verlauf nach Westen zeigen würde. Wir fanden jedoch bald, dass es sich nicht westwärts, sondern im Gegentheil nach NO. unabsehbar weiter erstreckte, und ich hielt es daher für das Geeignetste, abermals an diesem Felde zu ankern, um durch Beobachtungen zu constatiren, ob eine Änderung in der Position desselben eintreten würde oder nicht. Im letzteren Falle hing es wohl mit dem Landeise zusammen und alle ferneren Versuche, noch in diesem Jahre bis zur Küste durchzudringen, mussten nutzlos erscheinen.

Wir ankerten daher um 9 Uhr Vormittags (5. August) an einer passenden Stelle, an welcher sich das Feld O.$\frac{3}{4}$ N. (missweisend) erstreckte. Das Loth wurde ausgeworfen und wir fanden mit 170 Faden Grund (Schlick); die Temperatur des Wassers war in dieser Tiefe $+$ 0°,5 R., während sie an der Oberfläche — 0°,1 R. war. Das Loth liessen wir eine Zeit lang auf dem Grunde liegen, um zu sehen, ob wir nach irgend welcher Richtung trieben, aber nicht die geringste Änderung war zu bemerken, das Loth blieb senkrecht unter dem Schiffe liegen und nur die lose Leine erhielt eine Bucht nach Süden. Kleine Gegenstände, die wir über Bord warfen, trieben ebenfalls nach dieser Richtung an uns vorbei und auch die Eisschollen bewegten sich im Allgemeinen nach Süden und Südwesten.

Die Richtung des Schiffes änderte sich während der ganzen Zeit auch nicht um einen einzigen Viertelstrich und wir hatten daher allen Grund anzunehmen, dass das Feld wirklich fest läge. Um indess noch mehr Gewissheit hierüber zu erhalten, wurde beschlossen, wo möglich 24 Stunden an derselben Stelle liegen zu bleiben. Wir konnten dann durch astronomische Beobachtungen die Veränderlichkeit oder Unveränderlichkeit der Position zur vollen Genüge nachweisen. Mittags ergaben die sehr genauen und sorgfältigen Beobachtungen 73° 24',8 N. Br. und 17° 22' W. L.

Nachmittags beschäftigte ich mich damit, noch einmal die Lokalattraktion des Steuerkompasses zu bestimmen. Ich gewann beinahe für jeden Strich ziemlich genaue Beobachtungen, deren Resultat war, dass wir unsere berechnete Tafel noch als vollkommen gültig annehmen konnten. Ich erhielt für die meisten Striche sehr wenig verschiedene Werthe und es wurde demnach auch für spätere Bestimmungen die schon vorhandene Tafel zu den Correctionen der auf der See beobachteten Missweisung benutzt.

Abends war wieder totale Windstille bei wolkenleerem Himmel und über dem spiegelglatten, unbewegten Wasser bildete sich um das Schiff herum eine dünne Eiskruste mit überraschender Geschwindigkeit. In OSO. und ONO. (rechtweisend) konnte man bis zum Horizonte freies Wasser sehen, welches indess mit vielen Schollen und Eisblöcken bedeckt war. Da das von keinem Lufthauche bewegte Meer bei dem wolkenleeren Himmel beinahe die gleiche Farbe zeigte wie der letztere und bei den schräg darauf fallenden Sonnenstrahlen eben so blendete, so sah es aus, als ob diese entfernteren Eisblöcke vollständig in der Luft schwebten, was bei den verschiedenen abentenerlichen Gestalten derselben einen ganz eigenthümlichen Eindruck machte.

Im Süden und SW. schien eine Stockung im Treiben des Eises eingetreten zu sein; die von Norden kommenden Schollen setzten sich hier immer mehr und mehr an und wir wurden gegen 3 Uhr Morgens (6. August) genöthigt, uns von dem Felde los zu machen, um nicht eingeschlossen zu werden. Wir bugsirten in freies Wasser, setzten dann, da ein leiser südlicher Zug durchkam, Segel und steuerten ostwärts. Es war sonst nirgends offenes Wasser zu sehen.

Unsere Hoffnung, die Küste zu erreichen, war jetzt vollständig zerstört. In den letzten Tagen war es uns klar geworden, dass eine Möglichkeit dazu in diesem Jahre mit den Mitteln, die uns zur Verfügung standen, nicht mehr vorhanden war, und unter solchen Umständen würde ein längeres Verweilen im Eise nutzlos gewesen sein. Ich musste mich daher, wenngleich mit dem grössten Widerstreben, entschliessen, der Küste den Rücken zu kehren und mich wieder aus dem Eise heraus zu arbeiten.

Wir fuhren also fort, zwischen Flarden und Schollen hindurch nach Osten zu steuern. Mittags ankerten wir an einem kleinen Felde, um zu lothen und die Meridianhöhe zu beobachten. Wir fanden die Tiefe 230 Faden und die Breite ergab sich zu 73° 23′ N., ein sicheres Zeichen, dass wir an dem grossen Felde nicht südwärts getrieben waren.

Langsam arbeiteten wir Nachmittags weiter zwischen Flarden und grossen Schollen hindurch, oft nur mit vieler Mühe und Anstrengung uns einen Weg bahnend. Ein ungeheueres Eisfeld legte sich uns in den Weg, längs dessen Rande wir hinfuhren, um mehr südwärts vielleicht eine Öffnung zu finden; wir stiessen jedoch Abends überall im Süden und Osten auf so dicht zusammengepackte Flarden, dass keine Möglichkeit vorhanden war, an dieser Stelle das offene Meer zu erreichen. Wegen der eingetretenen Windstille ankerten wir abermals an einem Felde. Erst gegen Mitternacht kam eine leichte Brise aus SW. durch und wir gingen sofort unter Segel, um nicht gänzlich fest zu frieren. Es hatte sich bereits in den Paar Stunden eine viertelzöllige Eiskruste um das Schiff gebildet, die wir erst mit Stangen zerschlagen mussten, um das Schiff in Gang zu bringen.

Im Norden zeigte sich ein Streifen Wasserhimmel, der sich ganz nach Osten erstreckte, ein sicheres Zeichen, dass wir hier einen Durchgang finden würden. Wir mussten uns aber erst mehrere Meilen nordwestlich halten, um das grosse Eisfeld zu umsegeln, und kamen denn auch gegen Morgen des 7. August in ein schönes Wasser, welches augenscheinlich bis ins offene Meer hinauslief. Während der Nacht staken wir noch einmal vollständig in dem jungen Eise, welches sich überall zwischen den Schollen gebildet hatte, fest, und erst als der Wind mehr anfrischte, konnten wir dasselbe durchbrechen.

Das Wetter blieb ausgezeichnet schön, der Wind war leicht und südlich und wir näherten uns langsam dem offenen Meere, welches wir gegen Mittag bereits in Sicht hatten.

Nach astronomischen Beobachtungen war unsere Position 73° 20′,1 N. Br. und 16° 1′ W. L., die Missweisung des Kompasses war hier 41° 25′ W.

Nachmittags ankerten wir zum letzten Male an einer grossen Flarde, auf der sich Wassertümpel zeigten, um unseren Wasservorrath zu ergänzen; auch lotheten wir, fanden aber mit 400 Faden keinen Grund. Um 5½ Uhr sprang eine frische Brise aus Norden auf, wir setzten Segel, brachen durch den Seestrom und befanden uns um 8 Uhr wieder im offenen Meere.

7. Vortheile eines kleinen Schiffes. Beschluss über den ferneren Kurs. Schwerer Sturm. Temperatur- und Windverhältnisse. Nord-Spitzbergen, Moffen-Insel. Zusammentreffen mit Walross-Jägern. Sturm. Bei Kap Foster. Fahrt durch die Hinlopen-Strasse.

Abermals befanden wir uns im offenen Meer, diess Mal aber mit der niederschlagenden Überzeugung, dass der Hauptzweck der ganzen Reise, nämlich die Erforschung der Ostküste Grönlands vom 75. Grad an nordwärts, vollständig misslungen war. Bei den jetzt auf diesen Breiten eintretenden Nächten noch fernere Versuche zu machen, wäre wohl Thorheit gewesen, da wir zur Genüge gesehen hatten, dass die Eisbarrière zwischen 73° und 76° zur Zeit undurchdringlich war und sich auch höchst wahrscheinlich das Landeis in diesem Jahre von der Küste gar nicht gelöst hatte.

Nach den Aussagen der Walfischfahrer war dieses Jahr in jeder Beziehung ein ganz abnormes, ein Eisjahr wie seit langer Zeit nicht. Die starken und anhaltenden NO.-Winde im Juni hatten das Eis so dicht und massenhaft auf die Küste gedrängt, dass selbst das durchschnittlich schöne Wetter und die eintretenden westlichen Winde im Juli nicht im Stande gewesen waren, eine hinreichende Lockerung hervorzubringen, um mit einem Segelschiffe durchdringen zu können.

Bei dieser Gelegenheit kann ich nicht umhin, einer Behauptung, der ich auch noch jetzt vielfach, sogar in seemännischen Kreisen, begegne, auf das Entschiedenste zu widersprechen. Es wird nämlich gesagt, mein Schiff sei viel zu klein gewesen und ich hätte selbst in günstigen Jahren doch durchaus Nichts von Bedeutung thun, die Küste vollends niemals erreichen können. Das sind Ansichten, wie sie nur die Unbekanntschaft mit arktischen Reisen aussprechen kann, und ich brauche nur auf die Geschichte der arktischen Entdeckungen hinzudeuten, um die Unrichtigkeit derselben zu beweisen. Barents, Hudson, Baffin hatten keine grösseren Schiffe, ja theilweise noch kleinere, als ich eins zur Verfügung hatte, und sie sind doch überall weiter vorgedrungen und tiefer in das Eis hinein gekommen, als nachherige grössere Expeditionen.

Mit einem kleinen Schiffe kann man mit viel grösserer Leichtigkeit und dabei mit viel weniger Gefahr zwischen den gewaltigen Eismassen sich hindurch winden als mit einem grossen, und ich bin überzeugt, dass kein grösseres Segelschiff in diesem Jahre tiefer in das Grönländische Eis hätte eindringen können, als wir es gethan haben. Bei unserem zweiten Versuche am 28. Juli wäre ein grosses Segelschiff ganz unfehlbar vom Eise besetzt worden, während die „Grönland" in Folge ihrer leichten Manövrirfähigkeit wie ein Aal den zusammendrängenden Eismassen entschlüpfen konnte. Der stärkere Segeldruck und grössere Andrang, von dem so viel gesprochen wird und den ein grosses Schiff allerdings mehr hat, kommt nur in seltenen Fällen zur Geltung und dieser Vortheil wird durch die vielen grossen Nachtheile gegen ein kleines Schiff mehr wie aufgehoben.

Zur Entdeckung und Erforschung unbekannter Küsten, vor allen der mit Eis umsäumten des Polarmeeres, ist ein grosses Schiff schon seines bedeutenden Tiefganges wegen gar nicht zu gebrauchen und hier ist ein kleines Schiff erst recht vorzuziehen. John Ross sagt darüber ausdrücklich in der Vorrede zur Erzählung seiner Entdeckungsreise 1829—1833: „Ein Schiff, bestimmt für Entdeckungen in diesen Gegenden, sollte keinen grösseren Tiefgang als 10 Fuss haben; es sollte stark sein, wie das unserige, und handlich in Bezug auf die Takelung; es sollte ferner eine Dampfmaschine für gelegentliche Dienste haben" [1]).

Dass ein Dampfer einem Segelschiffe bei weitem vorzuziehen ist, liegt schon allein aus dem Grunde auf der Hand, weil man hier eine eigene Kraft zur Bewegung besitzt, die unabhängig von der Unbeständigkeit und Veränderlichkeit des Windes ist. Bei der Eisschifffahrt kommt aber noch ein anderer Umstand hinzu, der die Vortheile eines Dampfers noch ungleich höher erscheinen lässt. Bei Windstillen nämlich oder auch gerade da, wo der Wind herkommt, bilden sich die besten Öffnungen im Eise und in beiden Fällen kann ein Segelschiff nicht vordringen, wird also gerade dort aufgehalten, wo ein Dampfer den schönsten Fortgang haben kann. Ferner kann ein Dampfer leichter das junge Eis, welches sich vorzüglich im Spätsommer bei Windstille zwischen den Schollen und Flarden bildet, durchbrechen, was einem Segelschiffe nur bei frischer Brise und günstigem Winde möglich wäre. Die Gefahr wird ebenfalls bei einem Dampfer dadurch bedeutend verringert, dass man überall den Eismassen ausweichen und Schutz finden kann, wo es einem Segelschiffe nicht möglich sein würde.

Allerdings kann man mit einem Dampfer auch nicht Alles erreichen, vom Glück und von günstigen Eisverhältnissen hängt der Erfolg hauptsächlich ab, und auch wir hätten in diesem Jahre selbst mit dem geeignetsten Dampfer wenig mehr erreichen können. Die Schwedische Expedition hat diess zur Genüge gezeigt und auch Kapitän Gray, einer der erfahrensten Schottischen Walfischfahrer, spricht in einem Briefe an Herrn Dr. Petermann ganz dasselbe aus. Gray war allerdings am 30. Juli in Gale Hamkes-Bucht und versuchte zu landen, wurde aber durch den eintretenden NO.-Wind daran verhindert, welcher das Eis wieder so massenhaft auf die Küste trieb, dass er schleunigst ostwärts dampfen musste, um nicht besetzt zu werden. Er schreibt, dass hier der einzige Bruch im Landeise gewesen wäre, nördlich von der Shannon-Insel wäre Alles dicht gewesen und ein Forschungsschiff hätte in diesem Jahre Nichts machen können.

---

[1]) John Ross, Arctic Expedition 1829—1833, introduction, p. XIX. Scoresby ist derselben Meinung. er sagt in seinem Werke „Account of the arctic Regions", p. 24: The class of vessels best adapted for discovery in the polar seas seems to be that of 100 to 200 tons burden.

Damit ist jedoch keineswegs gesagt und noch viel weniger constatirt, dass nach den Misserfolgen dieses einzigen Jahres jetzt die weitere Erforschung der Küste Grönlands als etwas Unmögliches aufgegeben werden müsse. Im Gegentheil, meine Meinung, dass diess der einzig richtige Weg ist, auf dem man zu Schiffe in die arktische Centralregion eindringen und die Geheimnisse des Nord-Meeres gründlich erforschen kann, steht fester wie je. Ich werde später Gelegenheit nehmen wieder hierauf zurückzukommen und meine Ansichten über diesen Punkt zu entwickeln.

Es trat jetzt die Frage an uns heran, wohin wir unseren Kurs nehmen sollten, um die noch übrige Zeit des Sommers möglichst und nach besten Kräften für die Wissenschaft ausnutzen zu können. Meine Instruktion liess mich hier vollkommen im Stiche, da dieselbe einen solchen Fall, dass wir nämlich gar nicht im Stande sein würden, die Küste von Grönland zu erreichen, nicht vorausgesehen hatte (wer konnte auch ein solches Jahr vermuthen?), und ich musste daher nach eigener bester Überlegung und Überzeugung handeln. Abermals einen Versuch zu machen, Gillis-Land von Süden her zu erreichen, schien mir nicht sehr zweckmässig zu sein, einmal deshalb, weil es überhaupt nicht sehr wahrscheinlich war, dass unsere Bemühungen wegen der schon so sehr vorgerückten Jahreszeit mit Erfolg gekrönt würden, und zweitens, weil wir im Falle eines Misslingens gerade im Süden von Spitzbergen wenig mehr zur Förderung der Wissenschaften thun konnten. Ausserdem durften wir es kaum riskiren, unser durch die letzten Versuche noch mehr geschwächtes Schiff noch einmal so tief in die schweren Eismassen, die wir sicherlich südöstlich von Spitzbergen antreffen würden, hinein zu bringen, um eine Passage zu forciren.

Weit mehr schien es daher zu versprechen, nördlich um Spitzbergen und durch die Hinlopen-Strasse zu steuern. Der südliche Theil dieser Strasse war noch von keiner wissenschaftlichen Expedition besucht worden, und gelang es uns daher nicht, von dort aus Gillis-Land zu erreichen, so konnten wir wenigstens einen Theil der Küste dort aufnehmen, manche andere werthvolle Beobachtungen anstellen und vielleicht später ostwärts von Stans Foreland wieder herumkommen. Unterwegs konnten wir unsere Beobachtungen über den Golfstrom im Westen und Norden von Spitzbergen noch vervielfältigen und, im Falle wir an der Ostküste von Spitzbergen Nichts ausrichten konnten, auf dem Rückwege noch schliesslich die Grenze und Beschaffenheit des nördlichen Packeises untersuchen. In den hohen Breiten von 79° und 80° hatten wir überdiess den Vortheil, die Sonne noch etwas länger um Mitternacht über dem Horizonte zu behalten; vor Anfang September hatten wir keine dunkelen Nächte, die natürlich das grösste Hinderniss für die Schifffahrt in den Eismeeren sind.

Alle diese Gründe bestimmten mich, den letzteren Weg einzuschlagen, und es wurde demnach auch, sobald wir gänzlich vom Eise frei waren, der Kurs direkt nach der Nordwestküste von Spitzbergen gerichtet. Der Wind war NW., die Luft klar und heiter und wir hatten Anfangs, da kein Seegang stand, einen guten Fortgang, so dass es ganz den Anschein nahm, als sollten wir rasch wieder die zackigen Gipfel Spitzbergens in Sicht bekommen. Diese Hoffnung sollte indess abermals, wie alle unsere früheren Hoffnungen, getäuscht werden, wir hatten überall mit Hindernissen aller Art zu kämpfen.

Als ich am anderen Morgen (8. August) auf Deck kam, fand ich das Schiff unter doppelt gereefften Segeln; es wehte ein vollkommener Sturm und eine hohe wilde See hatte sich bereits aufgeworfen. Da war kein Gedanke daran, irgend wie vorwärts zu kommen, Strom und Wind waren uns entgegen und widerstandslos trieben wir südostwärts. Der Sturm wurde im Laufe des Tages immer heftiger, wir wurden zu Sturmsegeln heruntergebracht, die See erreichte eine enorme Höhe und unser kleines Fahrzeug arbeitete auf eine wahrhaft furchtbare Weise. Zum ersten Male während der ganzen Reise erhielten wir verschiedene Sturzsee'n über Deck und mussten sehr auf unserer Hut sein, um nicht über Bord geschleudert zu werden. Die Tüchtigkeit des Schiffes, die Stärke des Mastes und der Takelung, bewährten sich indess auch hier, und obgleich der Sturm beinahe 3 Tage mit ungeschwächter Gewalt anhielt, wobei die See eine solche Höhe erreichte, dass wir in einem Wellenthale für den Augenblick keinen Wind verspürten und die furchtbarsten Sturzsee'n über uns zusammenzubrechen schienen, so erhielten wir doch nicht den geringsten Schaden, weder am Schiffe, noch am Maste oder an den Segeln, und ungehindert konnten wir, als wieder gutes Wetter eintrat, unsere Reise fortsetzen. Das Einzige war, dass wir am Tage einmal mehr die Pumpen zustellen mussten.

Wir waren in diesen Tagen bis 72° 22′ N. Br. heruntergetrieben worden, allerdings kein besonderes Unglück, da wir noch immer, sobald nur guter Wind eintrat, rasch genug wieder nach 80° hinaufsegeln konnten, aber wir hatten einmal kein Glück. Der Sturm liess zwar am 11. August nach, die See ging niedrig, der Himmel hellte sich auf und das Wetter wurde klar und schön, der Wind blieb aber wie angenagelt auf demselben Striche stehen und blies uns nach wie vor recht in die Zähne.

Wir setzten alle Segel beim Winde und thaten, was wir konnten, um nordwärts aufzukreuzen, machten aber nur geringe Fortschritte. Das Schiff hatte beim Winde zu viel Abtrift und wir konnten die Schnelligkeit nicht über 5 Knoten bringen. Die Ursache davon war leicht einzusehen. Ein zersplitterter Steven, ein rauher, abgeschabter Kiel, herunterhängende Eisenplatten, die wir leider nicht beseitigen konnten, — sind wahrlich keine Dinge, die dazu beitragen, den Fortgang eines Schiffes zu erhöhen. So schon niedergeschlagen über die letzten fortwährenden Misserfolge, trug der anhaltende Nordwind und das schlechte Segeln des Schiffes keineswegs dazu bei, unserem Geiste die nöthige Schwungkraft für neue Unternehmungen zu geben. Doch was half aller Missmuth? Wir mussten uns in Geduld fügen, unsere Pflicht und Schuldigkeit thun und bessere Zeiten abwarten; wir hatten noch immer einen ganzen Monat vor uns und ewig konnte der Wind doch auch nicht aus Norden blasen.

Am 14. August, also 6 Tage nach unserem Austritt aus dem Eise, befanden wir uns Mittags auf 73° 51′ N. Br. und 1° 43′ W. L. und trat endlich der Wind, der bis dahin fortwährend aus Norden geweht hatte, allmählich durch NW. und West nach SW. Blieb nur eine frische Brise, so konnten wir jetzt noch die verlorene Zeit ziemlich wieder einbringen und hoffen, die Küste von Spitzbergen in wenigen Tagen zu erreichen.

Die Winde in dem Meere zwischen Spitzbergen und Grönland sind im Allgemeinen ausserordentlich veränderlich, sowohl in Hinsicht ihrer Richtung als auch ihrer Stärke, und Windstillen und Stürme wechseln weit rascher mit einander ab als in der gemässigten Zone. Die Stürme, die wir gehabt haben, waren überwiegend aus NO. und Nord, und brachten meistens Schnee und Regen, ein Umstand, den auch Scoresby bemerkt und als eine besondere Merkwürdigkeit anführt, die er dadurch erklärt, dass er einen südlichen, mit Feuchtigkeit geschwängerten Luftstrom während der Stürme über dem nördlichen annimmt, da letzterer an sich die grosse Feuchtigkeit nicht besitzen könne[1]). Diess ist indess eine willkürliche Annahme. Die grosse Feuchtigkeit der Nord- und Nordostwinde, vorzüglich im Spätsommer und Herbst, ist vielmehr meiner Ansicht nach ein weiterer Beweis, dass nicht allein unmittelbar um den Pol herum wenig oder gar kein Land existirt, sondern dass auch während des Sommers sich wenigstens ein theilweis offenes und schiffbares Meer bilden muss.

Von Norden lief der Wind immer nach Nordwest, die Wolken verzogen sich, das Wetter wurde hell und klar und es trat nun meistens Windstille ein, worauf dann West- und Südwestwind folgte. Die Drehung des Windes erfolgte nördlich von 75° jedes Mal gegen die Sonne

[1]) Scoresby, Voyage to Greenland, p. 342.

herum, also gerade entgegengesetzt wie in der nördlichen gemässigten Zone, und bei Südostwinden war im Allgemeinen der niedrigste, bei Nordwestwinden der höchste Barometerstand.

Die Temperatur der Luft war während des ganzen Sommers wenig Veränderungen unterworfen und schwankte nur zwischen —3° und + 3° R., der Monat Juni war entschieden der kälteste Monat. Eine Vergleichung der Temperaturen dieses Sommers mit den Dove'schen Isothermen der Normaltemperaturen, die Herr v. Freeden angestellt hat, ergiebt die beachtenswerthe Thatsache, dass der diessjährige Sommer dort um 6°,23 zu kalt gewesen ist; kein Wunder, wenn sich derselbe so ausserordentlich ungünstig zum Befahren dieses Meeres zeigte!

Mit einer frischen südwestlichen Brise liefen wir jetzt rasch auf höhere Breiten und hatten bald das Vergnügen, die Sonne, die auf 73° bereits um Mitternacht unter den Horizont verschwunden war, wieder emportauchen und volle 24 Stunden scheinen zu sehen. Das Wetter war in den nächsten Tagen regnerisch und trübe, so dass wir keine astronomischen Beobachtungen anstellen konnten und den Ort des Schiffes nach der Loggerechnung bestimmen mussten. Ich hielt deshalb einen etwas östlicheren Kurs, um schon bei Prince Charles Foreland die Küste zu erreichen und dann derselben entlang zu steuern. Am 17. August Morgens bekamen wir auch bereits die hohen, schneebedeckten Gipfel dieser Insel in Sicht. Es wehte eine frische Brise, wir hatten guten Fortgang und befanden uns Mittags nach astronomischen Beobachtungen auf 79° 5′,8 N. Br. und 10° 6′ Ö. L., also schon etwas nordwärts von Vogel-Hook.

Nachmittags hatten wir häufige Schneeschauer, so dass wir vielfach die Küste nicht sehen und den schönen Anblick von sieben gewaltigen Gletschern nördlich von der King- und Cross-Bai nur sehr beschränkt und bloss auf Augenblicke geniessen konnten. An den Bergen lag wenig Schnee und wir sahen an vielen Stellen mit Moos bewachsene grüne Matten. Der Wind blies frisch aus Süden, wir passirten Abends die Amsterdam-Insel und befanden uns nun an der Nordküste von Spitzbergen, ohne jedoch die geringste Spur von Eis zu bemerken. Sämmtliche Baien, wie auch das ganze Meer um uns her waren vollkommen eisfrei, wir konnten ohne alle Schwierigkeit weiter segeln. Die Temperatur des Meeres war noch immer + 3° und auch die der Luft durchschnittlich + 2° und darüber, eine Wärme, wie man sie wohl an keiner anderen Stelle unter dem 80. Grade der nördlichen Breite antrifft.

Während der Nacht fuhren wir mit einer leichten Brise an den Norweger Inseln entlang; häufige Lothungen, die wir anstellten, ergaben hier eine bisweilen äusserst geringe

Tiefe des Meeres. Nordwestlich von Vogelsang erstreckt sich mehrere Seemeilen hinaus eine Bank, auf welcher sich nur 7 bis 9 Faden Wasser befinden. Der Boden ist steinig. Etwas weiter ostwärts hat man wieder 20 bis 30 Faden ebenfalls steinigen Grund, nordwestlich von Welcome Pt, unter 80° 0′ N. Br., lotheten wir indess wieder 80 Faden (Schlick) und weiter ostwärts in der Nähe von der Moffen-Insel 74 Faden (Schlick und Muscheln). Nach Norden zu fällt der Boden des Meeres, wie die Schwedischen Lothungen gezeigt haben, bis zu der enormen Tiefe von 1000 Faden und darüber ziemlich steil ab.

Den 18. August Vormittags liefen wir die Moffen-Insel in Sicht und ankerten wegen Windstille an der Südseite derselben. Diese Insel wurde zuerst von Kapitän Phipps besucht und beschrieben, welcher andeutet, dass keiner der alten Seefahrer derselben erwähnt hätte, obgleich sie so ausserordentlich verschieden von allen Inseln an der West- und Nordwestküste wäre. Phipps ist deshalb der Meinung, dass diese Insel noch gar nicht lange existire, sondern sich erst allmählich durch die sich hier begegnenden Strömungen aufgeworfen hätte. Sie ragt nur wenige Fuss über die Meeresoberfläche hervor und hat eine rundliche Gestalt mit einer Lagune in der Mitte, die nach Norden zu mit dem Meere in Verbindung steht; kleine Schiffe können wohl mit Hochwasser hinüber und in die Lagune einfahren. Ankergrund findet sich rund um die Insel und man kann also hier vor jedem Sturme Schutz finden. Eine unzählige Menge Gänse und andere Vögel waren auf der Insel zu sehen, sonst weder animalisches noch vegetabilisches Leben. Nirgends fand sich auch nur eine einzige Stelle, wo irgend eine Spur von Moos vorhanden gewesen wäre. Die Strömung setzte stark südöstlich, während wir dort lagen; es war der Fluthstrom, da das Wasser wuchs.

Gegen 2 Uhr Nachmittags kam eine leichte Brise aus Nordwesten durch. Wir sahen eine Norwegische Jacht im Süden vom Land gegen uns aufkreuzen und lichteten Anker, um dieselbe zu sprechen. Als wir nahe genug waren, drehte die Jacht bei und der Kapitän und Eigenthümer derselben, Herr Mak aus Tromsö, kam zu uns an Bord. Ich erfuhr von ihm (er kam gerade aus der Hinlopen-Strasse heraus), dass das Eis zwischen dem Nordostlande und Gillis-Land vollständig fest läge, doch sei dasselbe wenigstens an der Küste, und so weit man sehen könne, nur 2 bis 3 Fuss dickes Bai-Eis, und es ging seine Meinung dahin, es sei immerhin möglich, dass dasselbe noch im Laufe des Monats aufbräche und uns einen Zugang zum Gillis-Lande bahnte. In den nächsten acht Tagen sei indess noch kein Gedanke daran, heftige Südostwinde und Regenwetter müssten jedenfalls vorher anhaltend eintreten. Es seien noch einige Schiffe im südlichen Theile der Hinlopen-Strasse, die darauf lauerten, dass das Eis nach der Hells-Sunde zu aufbrechen sollte; sie wollten dann durch diesen Sund in das Wijde Jans Water, um auf Stans Foreland Renthiere zu schiessen. Die Walross- und Seehundsjagd sei in diesem Jahre sehr schlecht gewesen. Mak wollte nach dem nördlichen Eise steuern, um noch Seehunde zu erlegen, die er dort zu treffen hoffte; erst Mitte September wollte er nach Hause.

Noch manche gute Winke erhielt ich von ihm über die Hinlopen-Strasse und die Ankerplätze in derselben, auch gab er mir noch obendrein die Originalkarte der Schweden, die, in Mercator's Projektion entworfen, mir äusserst angenehm war und wesentliche Dienste geleistet hat. Da er kein Barometer an Bord hatte, so lieh ich ihm unser kleines Aneroid-Barometer, wofür er mir versprach, vierstündige Beobachtungen zu notiren und mir dieselben bei seiner Zurückkunft nebst den Wind- und Wetterbeobachtungen nach Deutschland zu schicken. Er hat sein Wort getreulich gehalten.

Um 6 Uhr Nachmittags trennten wir uns. Mak steuerte nordwärts und wir nach dem Eingange der Hinlopen-Strasse. Wir hatten indess während der Nacht eine totale Windstille, so dass wir wenig vorwärts kamen. Erst gegen Morgen befanden wir uns am Eingange der Strasse. Eine frische Brise aus Südost wehte recht aus derselben heraus und wir hatten uns gegen dieselbe aufzuarbeiten.

Als wir uns dem Lande näherten, sahen wir, dass grosse und ziemlich dichte Treibeismassen den ganzen Eingang zwischen beiden Ufern verbarrikadirten; weiter nordöstlich nach Low-Eiland zu lag ebenfalls viel Eis. Das kümmerte uns indess wenig; zwischen Treibeis zu kreuzen, waren wir gewohnt und bedachten uns daher auch keinen Augenblick, in diese Massen einzudringen, vorzüglich da wir wussten, dass die Strasse ziemlich frei war und der Südwind nur dazu beitragen würde, dieselbe rein zu fegen. Eine kleine Norwegische Jacht sahen wir noch unter Verlegen-Hook und es schien dieselbe ebenfalls in die Strasse hinein zu wollen. Sie folgte uns Anfangs, kehrte aber bald vor den Eismassen um und lief wieder dicht unter Verlegen-Hook, woselbst sie ankerte.

Den 19. August Vormittags wurde der Wind so heftig, dass wir genöthigt waren, ein Reff in unser Grossegel zu nehmen. Das Eis wurde indess dünner und einige Meilen nördlich von Kap Foster fanden wir nach Süden zu die Strasse völlig frei von Eis. Mühsam kreuzten wir gegen den Wind auf, derselbe wurde immer heftiger und schien zu einem völligen Sturm anwachsen zu wollen. Der Fluthstrom, der gegen 9 Uhr eingesetzt hatte, half uns indess noch ein wenig vorwärts; um aber nicht mit der Ebbe ganz wieder aus der Strasse hinauszutreiben, liefen wir Mittags unter Kap Foster und ankerten um 2 Uhr unweit Point Crozier in 8 Faden Wasser. Eine Norwegische Jacht, die aus der Strasse herauskam, ankerte ebenfalls Schutz suchend ganz in unserer Nähe.

Wir beobachteten um 3 Uhr Nachmittags Hochwasser bei Kap Foster, wonach sich als die Hafenzeit dieses Ortes $2^h 5^m$ ergeben würde. Die Beobachtung ist indess den Umständen nach nicht sehr genau und kann wohl bis zu einer Viertelstunde fehlerhaft sein. Parry giebt dieselbe in Hecla Cove nach den Beobachtungen eines ganzen Sommers zu $2^h 26^m$ an und die Hebung des Wassers bei Springfluthen zu 4 Fuss 2 Zoll [1]). Ich beobachtete ebenfalls am 19. August eine Hebung von 4 Fuss.

An unserem Ankerplatze war der Wind bedeutend mässiger als draussen in der Strasse und weiter in der «Trurenberg-Bai herrschte eine totale Windstille. Diese Bai ist überall, ausgenommen im Norden, wo sie nach dem Meere zu offen ist, von steilen, über 1000 Fuss hohen Bergen eingeschlossen; sie bietet ausserdem einige gute Ankerplätze, so dass ein Schiff hier vor jedem Sturm Schutz finden kann.

Bekanntlich fand Parry 1827 nach langem Suchen und vieler Mühe die geschützten Häfen und legte hier die „Hecla" in Sicherheit, ehe er seine denkwürdige Reise mit Schlittenbooten nach dem Nordpole antrat. Die „Hecla" ankerte in Hecla Cove am 20. Juni 1827; das Landeis lag damals noch im oberen Theile der Bai fest, aber die Hinlopen-Strasse war schon Anfangs Juni vollständig frei von Eis gewesen. In der That scheint das Klima an der Hinlopen-Strasse und deren Baien und Buchten im Verhältniss zur hohen Breite derselben (zwischen 79 und 80°) ein ausserordentlich mildes zu sein. Parry fand das Wetter Anfang Juni warm und schön, der Schnee schmolz mit überraschender Geschwindigkeit und grosse Ströme Wassers stürzten überall von den Seiten der Berge [2]). Auch die Walrossjäger haben mir erzählt, dass in jedem Jahre zu Anfang Juni die Strasse bis zu den Waygat-Inseln vollkommen eisfrei würde, selbst wenn im Norden auf der See das schwere Packeis sich noch bis dicht an die Küste erstreckte. Merkwürdiger Weise ist gerade der südliche Theil der Strasse kälter und in jedem Jahre zugänglich. Im Juli und August treibt die Strasse bei anhaltenden Nord- und Nordwestwinden bisweilen wieder ziemlich voll von Treibeis.

Da das Wetter ziemlich gut war, es wenigstens nicht schneite, so fuhr ich mit dem Boote in die Bai hinein, um zu sehen, ob nicht am Lande Renthiere oder irgend ein anderes Wild zu jagen wäre. Wir landeten bei Parry's Flaggenstange und gingen am Berge entlang ganz in das Innere der Bai hinein; aber obgleich wir überall viel Moos und auch manche ganz frische Spuren von Renthieren antrafen, so war doch kein lebendes Wesen, als hie und da ein Vogel, sichtbar. Die Bai war ziemlich voll von grossen Eisblöcken, die indess mit der Ebbe, welche um 3 Uhr eintrat, sämmtlich seewärts trieben; der Südostwind draussen half und gegen Abend war nur noch am fernen Horizont etwas davon sichtbar. Auf dem flachen Lande in der Nähe von Hecla Cove fanden wir ein grosses Wasserbassin mit dem schönsten Trinkwasser, wobei wir Gelegenheit nahmen, unseren Wasservorrath zu ergänzen. Bei Parry's Flaggenstange fand sich am Strande ziemlich viel Treibholz.

In der Nacht wehte beim Schiffe und in der Strasse ein vollkommener Sturm, der auch am anderen Morgen noch ungeschwächt fortdauerte, weshalb wir unseren geschützten Ankerplatz nicht verlassen und unter Segel gehen durften. Den 20. August Vormittags hellte sich die Luft auf, das Wetter wurde schön und ich erhielt Gelegenheit, einige astronomische Beobachtungen am Lande anzustellen. Aus einer Meridianhöhe der Sonne fand ich die Breite der Landspitze zwischen Kap Foster und Point Crozier zu 79° 56′ 52″ und die Länge nach unserem Chronometer, dessen wirklichen Gang von $0^s,4$ verlierend ich hier in Rechnung bringe, zu 17° 12′ 15″ Ö. Die Schweden geben die Position desselben Punktes nach ihren Beobachtungen von 1864 auf 79° 57′ 10″ N. Br. und 17° 11′ Ö. L. an.

Gegen 5 Uhr Nachmittags kam eine leichte westliche Brise durch, und da wir durchaus keine Veranlassung hatten, an dieser bereits so gründlich erforschten Stelle länger zu verweilen, so lichteten wir Anker und steuerten weiter in die Strasse hinein. Um 7 Uhr passirten wir Kap Foster, aber der Wind verliess uns hier wieder gänzlich. Draussen auf der See stand, wie wir am Wasser sahen, eine frische Brise aus Nordwesten, während weiter in der Strasse noch immer der alte Wind aus Südost herrschte. Erst gegen 11 Uhr Abends kam eine leichte Brise aus Nordwest durch. Wir hielten uns an der westlichen Seite der Strasse, da dieselbe vollkommen rein und sicher zu befahren ist, während man sich der östlichen Seite nicht allzu sehr nähern darf. Am 21. August 2 Uhr Morgens passirten wir das Eiskap und den ungeheueren, mehrere Meilen langen Gletscher, der eine senkrechte Eiswand von 150 Fuss Höhe darbietet. Einige grosse Blöcke sahen wir mit donnerartigem Getöse herunterstürzen, die das Meer für eine kurze Zeit in heftige Bewegung setzten.

Vom Eiskap steuerten wir nun über nach Kap Selander, an den Foster-Inseln vorbei und dann an dem

---

[1]) Parry, Attempt to reach the North Pole, p. 134.
[2]) Parry a. a. O. p. 35.

hohen Lande entlang weiter südwärts. Sehr viele Flarden Bai-Eis und grosse Stücke Gletschereis kamen uns entgegen und wir wurden oft gezwungen auszuweichen und bedeutende Umwege zu machen. Erst als wir den Schwarzen Berg passirten, wurde des Eises weniger und wir hatten bis zum Kap Oetker freies Wasser vor uns. Hier merkte ich bald, dass die Schweden nicht weiter vorgedrungen sein konnten; die Karte, die mir bis dahin ein guter Wegweiser gewesen war und sich als vollkommen richtig gezeigt hatte, wurde hier fehlerhaft. Die kleinen Inseln lagen offenbar nicht da, wo sie auf der Karte angegeben sind, und auch der Verlauf des Landes bei Kap Oetker zeigte sich etwas anders. Ich segelte bis zu den Inseln, fand aber hier so viele und dichte Flarden Bai-Eis, dass ich es für das Gerathenste hielt, unter Land zu laufen und an einer passenden Stelle zu ankern, um erst vom Berge aus einen Totalüberblick über das Eis ostwärts von Kap Oetker zu erlangen. Ich fand guten Ankergrund östlich von Kap Torell und wir ankerten daselbst um 6 Uhr in 7 Faden Wasser.

8. Die Augusta-Bucht und ihre Umgebung. Kapitän Tobiesen. Gillis-Land und die Eisverhältnisse. Walrossjagd. Die Gletscher bei der Augusta-Bucht. Versuch, ostwärts vorzudringen. Zu Anker bei der Wilhelm-Insel.

Die Luft war, wenn auch bewölkt, doch ziemlich klar, ich fuhr deshalb auch noch an demselben Abend mit dem Boote ans Land und bestieg den etwa 700 Fuss hohen Berg am Kap Oetker. Derselbe fällt nach Westen zu nicht sehr steil ab und es machte uns wenig Schwierigkeiten, hinauf zu kommen.

Nach der See zu konnten wir leider nicht sehr weit sehen, da ein aus Südost heraufkommender Nebel den Horizont bedeckte; doch so viel wurde uns klar, dass vorläufig an ein Weiterkommen nicht zu denken sei. Unmittelbar zu unseren Füssen, nach Süden, wo die Felsen steil abfielen, lag das Eis noch fest am Lande und zeigte sich nach Osten zu, so weit wir sehen konnten, als Eine ununterbrochene Fläche. Nur gegen Südost waren einige schmale Wasseradern zwischen den ausgedehnten Feldern und Flarden von Bai-Eis bemerkbar, aber mit der Aussicht, nach einigen Meilen auf festes Eis zu stossen, wäre es zwecklos gewesen, das Schiff zwischen diese Flarden hinein zu arbeiten.

Wir wandten jetzt unseren Blick auf die nächste Umgebung und das Land. Nach Nordost zu war Nichts zu sehen als eine ununterbrochene Schneefläche, ein einziger ungeheuerer Gletscher, der in einer Neigung von etwa 15° gegen den Horizont scheinbar unbegrenzt aufstieg, wahrscheinlich bis zu einer Höhe von mehreren tausend Fuss. Überall, wo die Gestaltung der Berge es erlaubt, sendet dieser Gletscher seine Ausläufer ins Meer hinein, wie ein Blick auf die Karte (Tafel 2) zur Genüge zeigt. Weiterhin gegen Osten ragte ein kleiner schwarzer Berg, der sich allmählich nach einem gelb aussehenden Lande zu abdachte, aus der Eismasse hervor; dahinter war Alles weiss ohne irgend welche Abwechselung und man konnte nicht genau unterscheiden, wo der Gletscher aufhörte und das mit Eis bedeckte Meer anfing. Nur in nordwestlicher und westlicher Richtung von uns bot sich dem Auge ein etwas wohlthuenderer Anblick. Die beiden übrigen kleinen Berggipfel und das niedrige Land waren vollständig frei von Schnee und hie und da sah man wohl einzelne mit grünem Moose bewachsene Stellen.

Die Strasse selbst zeigte sich beinahe gänzlich frei von Treibeis und auf den Inseln war ebenfalls keine Spur von Schnee und Eis zu entdecken. Im Juni und Juli muss sich die Temperatur jedenfalls um mehrere Grade über den Gefrierpunkt erheben und dadurch ein sehr rasches Schmelzen des Schnee's und Eises eintreten, denn überall konnten wir an dem Geröllе und den völlig abgerundeten Felsblöcken die grosse Gewalt des im Frühsommer hier herunterstürzenden Wassers deutlich erkennen. Jetzt waren die Rillen und kleinen Bäche grösstentheils schon ausgetrocknet oder liefen nur sehr spärlich.

Auf dem niedrigen Lande fanden wir mehrere Renthiergeweihe, am Strande auch Überreste von Walrossen und einige alte Walfischknochen. Treibholz war ausser einigen kleinen Stücken nicht vorhanden.

Als wir gegen 9 Uhr Abends wieder an Bord kamen, herrschte dichter Nebel und eine leichte Brise aus Südost hatte sich aufgemacht. Ein Walrossjäger, den wir bereits Nachmittags zwischen den Süd-Waygat-Inseln bemerkt hatten, ankerte um 10 Uhr ganz in unserer Nähe und der Kapitän, Namens Tobiesen, stattete uns bald darauf in der Meinung, wir seien Kollegen, seinen Besuch ab, um sich zu erkundigen, wie viele Walrosse und Seehunde wir schon geschossen hätten. Er gewahrte bald seinen Irrthum; da er indess gut Englisch sprach und ausserdem ein anständiger Mann zu sein schien, so lud ich ihn ein, in die Kajüte zu kommen, wo ich ihn mit einer Pfeife Tabak und einem Glase Sherry bewirthete.

Tobiesen blieb während der ganzen Zeit, die wir im

südlichen Theile der Hinlopen-Strasse verweilten, ebenfalls in dieser Gegend; er war für mich eine äusserst interessante Persönlichkeit und ich kann deshalb nicht umhin, ihn näher zu beschreiben. In seiner Jugend — er mochte jetzt wohl 50 Jahre alt sein — war Tobiesen als gewöhnlicher Matrose gefahren, hatte dann mehrere Jahre auf einem Amerikanischen Südseefahrer als Küper gedient und sich bei dieser Gelegenheit etwas Geld erübrigt, womit er dann endlich nach seiner Vaterstadt Tromsö zurückgekommen war. Von der Zeit an war er jährlich nach Spitzbergen auf den Walrossfang gegangen, wobei er sich bald noch so viel Geld verdiente, dass er im Stande war, sich ein eigenes Schiff zu kaufen. Während des Winters lebte er dann mit seiner Familie auf einem kleinen Bauerngute, welches sein Eigenthum war, und benutzte seine Zeit dazu, sich etwas in den nautischen Wissenschaften zu vervollkommnen und sich manche sonstige nützliche Kenntnisse zu erwerben.

Einst hatte er in einem Buche gelesen, dass die Walrosse zur Winterzeit in grossen Schaaren nach der Bären-Insel gingen, und so fasste er die Idee, einen Theil seines Vermögens daran zu wagen, um einmal hier zu überwintern. Er hoffte während des Winters einen so guten Fang zu machen, dass er später im Stande sein würde, das Seefahren gänzlich aufzugeben und als unabhängiger Mann ganz seiner Familie zu leben. Den Vorsatz führte er wirklich aus[1]), leider aber nicht mit dem gehofften Erfolge, da sich den ganzen Winter über, wie er mir erzählte, nicht ein einziges Walross blicken liess.

Durch diese Expedition war er beinahe wieder ein armer Mann geworden, doch durch unausgesetzte Anstrengung gelang es ihm bald wieder, ein anderes Fahrzeug zu kaufen, womit er den Walrossfang auf Spitzbergen fortsetzen konnte. Er erzählte mir viel von diesen Reisen, dabei manches sehr Interessante über die Eisverhältnisse, vorzüglich an der Ostküste von Spitzbergen.

Im Jahre 1864 war er mit noch zwei anderen Schiffen an der Ostküste des Nordostlandes gewesen und sie hatten hier so viele Walrosse angetroffen, dass sie in kurzer Zeit volle Ladung bekamen. Unglücklicher Weise wurden sie bald darauf gänzlich vom Eise eingeschlossen und festgehalten, und da keine Aussicht vorhanden war, noch in demselben Sommer wieder frei zu kommen, wegen Mangels an Proviant und Feuerung aber nicht daran denken konnten, hier zu überwintern, so waren sie gezwungen, die Schiffe zu verlassen und in ihren Booten nach den besuchten Häfen an der Westküste von Spitzbergen zu fahren. Unter Entbehrungen und Mühseligkeiten aller Art gelangten sie auch nach 14 Tagen bis zum Eis-Fjord, woselbst sie glücklicher Weise die Schwedische wissenschaftliche Expedition trafen, welche die armen schiffbrüchigen und gänzlich ermatteten Leute aufnahm und nach Norwegen brachte.

Tobiesen erzählte mir, dass er in demselben Sommer auf einer Insel am Nordostlande gestanden und von hier aus nach Osten zu überall schiffbares Wasser gesehen hätte, Gillis-Land wäre ebenfalls deutlich sichtbar gewesen. Dieses Land, so war seine Meinung, bestehe aus mehreren Inseln, die sich noch weiter nach Norden, vielleicht bis zum 80. Grad der Breite, erstreckten; südlich von den Gipfeln, die die Schweden nach Peilungen vom Weissen Berge auf der Karte niedergelegt haben, sei keinenfalls noch mehr Land. Es sei ihm selbst einmal gelungen, sich dem Lande bis auf einige Meilen zu nähern, und von mehreren anderen Walrossjägern habe er erfahren, dass sie zu Zeiten auch von der Hinlopen-Strasse aus bis ganz in die Nähe gekommen wären.

Es ist kein Grund vorhanden, die Richtigkeit dieser Angaben zu bezweifeln, denn aus der Beschaffenheit des Eises allein geht zur Genüge hervor, dass sich zwischen Gillis-Land und Spitzbergen von Zeit zu Zeit offenes Wasser bilden muss. Alles Eis, welches wir hier sahen, mit Ausnahme des Gletschereises, war offenbar kein altes, überjähriges, sondern konnte seiner Dicke nach, die nicht über 2 bis 3 Fuss betrug, nur von einem einzigen Winter herrühren.

Es ist daher sehr wahrscheinlich, dass fast in jedem Jahre die im September und Oktober eintretenden Äquinoktialstürme das bis dahin morsch gewordene Eis vollends aufbrechen und einen Zugang zum Gillis-Lande ermöglichen. In manchem Jahre mag es wohl schon im August offen genug sein, um mit einem Schiffe durchdringen zu können.

Auch wir hatten noch immer Hoffnung, und wenn nur einige tüchtige Stürme einträten, so konnte das Eis sehr wohl noch etwas aufbrechen. Es wurde daher auch beschlossen, auf jeden Fall bis Mitte September auszuharren und während der Zeit die nächste Umgebung etwas genauer zu erforschen. Kapitän Tobiesen wollte ebenfalls so lange bleiben, da er, falls das Eis aufbrechen sollte,

---

[1]) Es geschah dies im Winter 1865/6, bei welcher Gelegenheit Tobiesen regelmässige meteorologische Beobachtungen (dreimal den Tag) anstellte, deren Resultate von hohem Werth für die Kenntniss der Polar-Regionen sind; sie bilden die einzigen nördlich von Europa angestellten und durch einen ganzen Winter hindurch geführten meteorologischen Beobachtungen und stellen auch eine Verbindung her mit den drei Stationen auf Nowaja Semlä und der Überwinterungs-Station der 2. Deutschen Nordpolar-Expedition in Ostgrönland in 1869/70. Ich habe Tobiesen's Beobachtungen ausführlich publicirt in Geogr. Mitth. 1870, SS. 249 ff. und bei den Isothermkarten (Tafel 12 & 14) benutzt. Für den relativen Werth und die Zuverlässigkeit derselben sind die hier gegebenen Nachrichten über die Persönlichkeit Tobiesen's von Interesse, zumal die Ehrlichkeit und Glaubwürdigkeit der norwegischen Scoiute neuerdings angefeindet worden ist. A. P.

wo möglich durch den Helis-Sund steuern und im September auf Stans Foreland noch Renthiere schiessen wollte.

In den nächsten Tagen war das Wetter gut, doch meistens Windstille und der Himmel mehr oder weniger bewölkt, mitunter sogar sehr nebelig. Wir hatten das Schiff gleich am folgenden Tage nahe unter Land auf 3 Faden Wasser gelegt, weil wir dort sicherer lagen und weniger vom Treibeise beunruhigt wurden, welches vorzüglich mit dem Ebbestrom in grossen Mengen in die Strasse hineintrieb. Ich benutzte diese Zeit, um die Küste und die Inseln in der Nähe unseres Ankerplatzes aufzunehmen und zu mappiren, auch wurden, verzüglich von Herrn Hildebrandt und Sengstacke, öfters Exkursionen nach den nächsten Bergen unternommen, wobei sie als eifrige Jäger natürlich niemals vergassen, Gewehre und Patronen mitzunehmen. Aber so sehr sie auch nach Wild, vorzüglich nach Renthieren, ausschauten, so liess sich niemals ein lebendes Wesen blicken. Auch Tobiesen, der täglich seine beiden Fangboote Meilen weit in das Eis hinein schickte, hatte sehr wenig Glück bei der Jagd. Die Leute kamen zwar niemals ganz leer zurück, hatten aber immer nur einige Seehunde, höchst selten einmal ein Walross erlegen können.

Diese Thiere, die früher an der Westküste von Spitzbergen in grossen Heerden vorkamen, werden jetzt von Jahr zu Jahr seltener, denn sie ziehen sich weiter nach solchen Gegenden zurück, die von den Menschen nicht so leicht erreicht werden können, weshalb sich auch die Norwegischen Walrossjäger bemühen, die Ostküste von Spitzbergen entweder von Süden oder von der Hinlopen-Strasse aus zu erreichen. Gelingt ihnen diess, so machen sie noch immer einigermassen gute Beute, sonst müssen sie sich mit Seehunden, Renthieren, Eiderdaunen &c. begnügen, welches Alles lange nicht den Werth hat wie die Walrosse.

Wegen der furchtbaren Wildheit und Stärke dieses Thieres ist es gefährlich, dasselbe im Wasser, wo es sich rasch und leicht bewegen kann, anzugreifen. Es vertheidigt sich auf das Äusserste und sucht mit seinen grossen Fangzähnen das Boot umzustürzen oder mit dem Kopf den Boden desselben einzurennen; die Walrossjäger suchen daher das Thier auch immer auf dem Else oder auf dem Lande auf, wo es sich nur sehr schwerfällig bewegt und leicht mit Lanzen erlegt werden kann, wenn es ihm nicht gelingt, sich ins Wasser zu wälzen, was der Angreifer immer so möglich zu verhindern suchen muss.

Nur ein einziges Mal gelang es uns, ein Walross zu erlegen. Dasselbe lag ganz friedlich auf einer Eisscholle, die in der Entfernung von einer halben Seemeile vor uns vorbei trieb. Es sehen, nach den Gewehren greifen und nebst einigen Mann ins Boot springen war für Hildebrandt und Sengstacke das Werk eines Augenblicks, und ich bezweifele sehr, dass sie in ihrem Eifer meinen Ruf, vorsichtig zu sein, noch gehört haben. Dicht herangekommen wurde das Walross mit einigen Schüssen begrüsst, die das Thier allerdings trafen, aber so wenig verwundeten, dass es sich sofort ins Wasser wälzte und nun seinerseits das Boot angriff. Es entspann sich jetzt, wie verauszusehen, ein ziemlich hartnäckiger Kampf; die Kugeln trafen entweder nicht oder gingen nicht durch die dicke Haut hindurch und die Leute wurden genöthigt, um das Thier vom Boote abzulenken, auf das Eis zu gehen. Das verwundete und in Wuth versetzte Thier schlug jetzt ebenfalls seine Hauer in das Eis und versuchte sich empor zu heben, wurde aber hier durch eine wohlgezielte Kugel in den Kopf getödtet. Triumphirend kamen sie jetzt damit an Bord, der ungeheuere Körper wurde mit Mühe aufs Deck gewunden und das Fell abgezogen, um später das Museum in Berlin damit zu bereichern. Hildebrandt bemerkte, dass er ohne Lanzen und in einem so schwachen Boote doch nicht wieder ein Walross im Wasser so leicht angreifen würde.

Am 25. August Morgens kam eine steife Brise mit heftigem Schneegestöber aus Südost durch. Dieser Wind trieb eine solche Masse von Eis in die Strasse herein, dass wir uns genöthigt sahen, unseren Anker zu lichten, hinter die Landspitze zu segeln und in der Augusta-Bucht Schutz zu suchen. Hier findet sich südlich vom Gletscher, der im Inneren der Bucht liegt, ein schöner und sicherer Ankerplatz in 6 bis 7 Faden Wasser, wo man vorzüglich bei Südost- und Ostwinden vor Wind und Eis geschützt liegt. Nur bei Nordwestwinden ist man auch hier dem Treibeise ausgesetzt, doch können kleine Schiffe in diesem Falle gleich östlich vom Gletscher in einer kleinen Bucht auf 3 Faden Wasser einen guten Ankerplatz finden. Bei heftigen Stürmen aus Nord und Nordwest ist indess der Ankerplatz östlich von Kap Torell immer vorzuziehen.

Eine der beiden Stellen, die auf der Karte als Ankerplätze bezeichnet sind, wird unter allen Umständen sowohl vor Wind wie auch vor Eis Schutz bieten.

Nachmittags bestieg ich den Gletscher im Inneren der Bucht, was ohne besondere Mühe von NO. aus, wo sich flaches angeschwemmtes Land findet, bewerkstelligt werden kann. Die Höhe der senkrechten Wand dieses Gletschers nach dem Meere zu betrug etwa 80 Fuss; oben waren einige Moränen, von denen die südliche aus Kalksteingerölle bestand, worin sich manche Versteinerungen fanden, die nördliche dagegen aus einem schwärzlichen basaltartigen Gestein.

Die Gletscher in Spitzbergen unterscheiden sich von den Alpen-Gletschern, abgesehen davon, dass sie meistens bis ins Meer hinunter gehen und hier eine senkrechte

Wand bilden, auch noch dadurch, dass sie eine ziemlich glatte und leicht convexe Oberfläche haben, frei von allen Rauheiten und steilen Eisblöcken, welche die Alpen-Gletscher auszeichnen. Tiefe Spalten sollen nach den Beschreibungen der verschiedenen Reisenden allerdings bisweilen im Eise des Gletschers vorkommen, auf den Gletschern bei der Augusta-Bucht und der Wilhelm-Insel habe ich indess keine gesehen.

Eine fortschreitende Bewegung dieser Eismassen ist hier wohl eben so wie bei den Alpen-Gletschern mit Sicherheit anzunehmen, obgleich sie meines Wissens noch nie direkt beobachtet ist; schon die Moränen und das fortwährende Abbrechen von ungeheueren Stücken am unteren Ende geben hinreichend Zeugniss davon. Wegen des letzteren ist es sehr gefährlich, sich mit einem Boote zu nahe unter einen solchen Gletscher zu wagen; oft genügt nur ein Flintenschuss, ja schon lautes Sprechen, um die gewaltigsten Blöcke abzureissen und ins Meer zu schleudern. Das Meer ist in der Nähe dieser Gletscher meistens sehr tief, vorzüglich wenn sie zwischen zwei steilen Bergen herunter kommen.

Beechey erzählt, dass sich das Meer in der Nähe aller der Gletscher, die er in der Umgebung der Magdalenen-Bai beobachtet hätte, meistens so tief erwiesen habe, dass man mit den Tiefsee-Lothleinen keinen Grund hätte finden können. In der Augusta-Bucht ist das Meer ebenfalls gerade vor dem Gletscher am allertiefsten, 20 bis 30 Faden, und man könnte sicher überall mit einem Schiffe den Bugspriet an einen Gletscher einrennen, ohne mit dem Kiel auf den Grund zu gerathen.

Noch eine andere Norwegische Jacht kam Schutz suchend in die Bucht und legte sich ganz in unserer Nähe vor Anker. Der Kapitän derselben war so freundlich, als er einige Tage später die Heimreise antrat, einige Briefe von mir mitzunehmen und in Tromsö auf die Post zu geben. Diese Briefe sind auch Anfang Oktober in Deutschland angekommen [1]).

---

[1]) In dem Briefe an Dr. Petermann kommt eine Stelle vor, die in Schweden, wie ich zu meinem Bedauern vernommen habe, missdeutet worden ist. Die bezügliche Stelle des Briefes lautet: „Die Karte vom südlichen Theile der Hinlopen-Strasse ist nicht ganz richtig, die Schweden sind offenbar nicht hier gewesen." Diess ist in Schweden nun so ausgelegt worden, als wollte ich den Schwedischen Forschern Mangel an Aufrichtigkeit vorwerfen, indem sie als eigene Küstenaufnahmen Gegenden verzeichneten, die sie niemals besucht hätten, oder als wollte ich gar ihre Aufnahmen und Karten verbessern. Ein solcher Gedanke ist mir nicht in den Sinn gekommen, da ich einerseits sehr wohl wusste, dass die Schweden niemals behauptet haben, bis Kap Torell gekommen zu sein, und ich andererseits die Karte bis zur Wahlberg-Insel, dem südlichsten Punkte der Schweden, so genau gefunden hatte, dass ich jeden Berg, jede Insel, jede Bai mit Leichtigkeit identificiren konnte. Dass ich sagte: „Die Schweden sind offenbar nicht hier gewesen", geschah lediglich aus dem Grunde, um jede Missdeutung zu verhindern. Wenn man eine Küste nur von der Ferne aus peilt und danach auf

Am folgenden Tage, den 26. August, war wieder totale Windstille und schönes Wetter. Die Sonne schien schön hell und es gelang mir, die Position von Kap Torell astronomisch zu bestimmen. Die Breite ergab sich im Mittel aus drei Meridianhöhen am 22., 26. und 29. August zu 79° 21′ 35″ und die Länge aus einer Reihe von Sonnenhöhen in der Nähe des ersten Vertikals nach unserem Chronometer im Mittel zu 20° 58′ 28″ Ö. Die Deklination der Magnetnadel fand ich mit Hülfe des Azimuth-Kompasses von Negretti & Zambra zu 9° 16′ W. Die Höhen waren gut und zuverlässig und einschliesslich der Fehler des Instrumentes kann die Breite nicht über 10″ fehlerhaft sein, die Länge indess wohl um einige Minuten vom wahren Werthe abweichen.

Bei Kap Torell, das vor dem stürmischen Wetter vollkommen eisfrei gewesen war, hatten sich jetzt die grossen Blöcke mehr als 20 Fuss hoch wild über einander geworfen und theilweise tief in den Sand gebohrt. Der Andrang der Massen musste wahrhaft furchtbar gewesen sein, und obgleich wir die Gewalt des Eises, wenn es in Bewegung ist, schon vielfach während der Reise kennen gelernt hatten, so standen wir doch hier staunend vor diesen neuen Beweisen einer ungeheueren Naturkraft.

Ein heftiger Wind aus NW. nöthigte uns des Nachts, abermals um Kap Torell herum zu segeln und auf der anderen Seite derselben zu ankern. Wir hätten zwar eben so gut weiter in die Bucht hinein gehen können, doch ich zog es vor, unseren alten Ankerplatz wieder aufzusuchen, einmal weil wir dort näher am Kap lagen, wo wir immer einen guten Ausguck auf die Bewegungen des Eises hatten, und zweitens weil wir dort bequemer unter Segel kommen konnten, wenn wir einmal in das Eis hineinsegeln wollten. Dieses war nämlich meine Absicht, sobald das Wetter und der Wind günstig für einen solchen Versuch sein würden. Die Lage des Eises hatte sich allerdings wenig geändert, und obgleich es mit dem letzten Südostwind ein wenig mehr aufgebrochen war, so war doch an ein Erreichen von Gillis-Land oder auch nur an die Möglichkeit, ziemlich weiter nach Osten vorzudringen, nicht zu denken. Indess konnten wir manche nützliche Beobachtungen anstellen, und wenn nicht weiter zu kommen war, nach Thumb Point segeln, wo nach Tobiesen's Aussage ein schöner und sicherer Ankerplatz gleich südlich vom Kap zu finden sein sollte. Hier hatten wir wegen des hohen Berges eine bessere Aussicht über das Eis und konnten die Zeit mit neuen Küstenaufnahmen ausfüllen.

---

der Karte niederlegt, so ist es selbstverständlich, dass das nicht so genau sein kann, als wenn man sich selbst an Ort und Stelle befindet und misst. Mit dem südlichen Theile der Hinlopen-Strasse meine ich den Theil südlich und östlich von der Wahlberg-Insel.

Am 28. August Morgens gingen wir auch mit einer sehr leichten nordwestlichen Brise unter Segel, es wurde jedoch bald totale Windstille, und ehe wir noch eine Meile weiter gekommen waren, mussten wir das Schiff wieder unter Land bugsiren und abermals ankern, — eine ärgerliche und verdriessliche Sache, besonders da das Wetter so ausserordentlich schön und klar war, wie wir es bei der vorgerückten Jahreszeit nicht oft erwarten konnten; abermals fühlten wir sehr empfindlich den Mangel der Dampfkraft.

Die Windstille hielt den ganzen Tag an. Ich benutzte die Zeit, um die bereits gemachten Peilungen zu wiederholen und meine Aufnahmen zu vervollständigen. Ausserdem wurden Exkursionen gemacht. Abends kam allerdings eine flaue Brise durch, aber uns gerade entgegen, nämlich aus OSO.; ausserdem konnten wir so wie so bei der hereinbrechenden Nacht nicht in das Eis hinein gehen. Die Sonne verschwand bereits für mehrere Stunden unter den Horizont und um Mitternacht war es, vorzüglich bei bewölktem Himmel, schon einigermaassen dunkel.

Am anderen Morgen war abermals gänzliche Windstille und dabei so schönes klares Wetter, wie wir es während unseres ganzen Aufenthaltes noch nicht gehabt hatten. Zum ersten Male sahen wir die ganze Bergkette im Westen mit dem hohen inländischen Eisplateau, aus welchem nur einzelne mit Schnee bedeckte Gipfel hervorragten, deutlich vor uns, glitzernd im schönsten Sonnenschein, — ein wahrhaft grossartiger Anblick.

Da wir wieder nicht segeln konnten, so bestieg ich das Kap, um noch einmal nach etwaigen Öffnungen im Eise auszuschauen. Nach Osten zu war die Luft nicht ganz rein und ich konnte weder das Ende des grossen Gletschers noch auch Gillis-Land erkennen. Das Eis lag indess nahe am Kap noch fest, nur nach SO. zu schien es etwas aufgebrochen zu sein, denn es zeigten sich da einige Wasserstreifen zwischen den Flarden und Feldern. Überall schien eine vollständige Windstille zu herrschen und das Wasser zeigte sich so glatt wie ein Spiegel.

Am 30. August Morgens kam endlich eine leichte Brise aus NW. durch, wir lichteten daher Anker und steuerten ostwärts, aber kaum hatten wir Kap Oetker passirt, als abermals Windstille eintrat. So blieb es den ganzen Tag hindurch und nur bisweilen füllte ein leiser Luftzug unsere Segel, doch hatten wir meistens kein Commando über das Schiff. Wir trieben zwischen grossen Flarden Bai-Eis und kamen oft mit denselben in Berührung. Abends wurde die Luft hauptsächlich im Osten so dick, dass wir den grossen Gletscher im Osten nicht mehr sehen konnten, weshalb es mir nicht möglich war, eine genaue Peilung seiner äussersten Spitze zu bekommen. Schon gleich hinter dem kleinen Gletscher östlich von Kap Oetker lag das Eis fest am Lande und wir konnten nach dieser Richtung nicht weiter vordringen.

Mittlerweile setzte der Strom einige grosse Flarden, innerhalb welcher wir uns befanden, so dicht auf das Land, dass wir nahe daran waren, auf den Strand zu kommen und auch wohl nähere Bekanntschaft mit dem Boden gemacht hätten, wenn nicht im kritischen Augenblicke eine leichte Brise aufgesprungen wäre, die uns bald befreite. Wir hielten etwas mehr vom Lande ab und drangen dann noch einige Meilen weiter vor, bis uns eine abermalige Windstille wieder zwischen den Flarden festbannte. Wegen der dicken Schneeluft konnten wir nach Osten zu wenig oder Nichts mehr sehen; erst als sich gegen 11 Uhr das Wetter wieder etwas aufhellte, bemerkten wir, dass wir uns dicht an dem festen Eise befanden. Allem Anschein nach war es noch immer Bai-Eis, zwischen welchem grosse, oft über 30 Fuss hohe Blöcke Gletschereis fest eingefroren waren. An ein Weiterkommen war hier nicht zu denken und es wurde daher beschlossen, nach Björn-Bai zu steuern, dabei aber wo möglich längs dem Rande des festen Eises hinzufahren. Doch auch diess sollte uns nicht gelingen, da die Flarden sich gegen Süden eng zusammengeschoben hatten. Wir mussten die Friedrich Franz- und Carl Alexander-Inseln westwärts umsegeln; zwischen ihnen und dem Lande fanden wir 35 und 36 Faden Wassertiefe, Schlickgrund, weiter östlich war es etwas flacher. Am Morgen kam eine beständige Brise aus Süden durch. Wir umsegelten die Inseln und kreuzten dann südwärts zwischen losem Treibeise und grossen Blöcken von Gletschereis. Die Luft war oft dick von Schnee, der Wind aber leicht. Erst Abends 10½ Uhr ankerten wir unter Thumb Point, dem östlichen Kap der Wilhelm-Insel, in 4¼ Faden Wasser. Am anderen Morgen, den 1. September, liess ich das Schiff noch etwas weiter hinein und näher unter Land bugsiren, bis zu einer Wassertiefe von 2½ Faden.

Es ist in diesen Gegenden immer vortheilhaft, wenn es die Umstände und die Beschaffenheit des Bodens erlauben, auf so flachem Wasser wie möglich zu liegen, da man dann weit besser vor dem Treibeise, welches überall eindringt, geschützt ist. Die tief gehenden Schollen und grösseren Blöcke können das Schiff nicht mehr erreichen, indem sie schon vorher stranden, und man ist nur den kleineren Stücken ausgesetzt, denen man überdiess leicht durch Ausstecken der Ankerkette und Überlegen des Steuers ausweichen kann.

Kapitän Tobiesen, der uns einige Tage vorher bei Kap Torell verlassen hatte, fanden wir hier ebenfalls wieder vor Anker. Er hatte beide Fangboote ins Eis geschickt.

9. Die Bastian-Inseln. Lage und Beschaffenheit des Eises. Umgebung von Thumb Point. Die Bismarck-Strasse; die Gezeiten daselbst. Sturm aus Osten. Rückkehr nach der Augusta-Bucht. Erreichung der Breite von 81° 5' N.

Das Wetter war am 1. September zu einer Besteigung der östlichen Anhöhe auf der Wilhelm-Insel nicht besonders günstig, es war nebelig und die Luft meist dick von Schnee, der Wind blies stark aus Norden. Ich fuhr mit dem Boote nach Kap Ule, um nach frischem Wasser zu suchen, da wir darauf Bedacht nehmen mussten, unsere Fässer bei Zeiten zu füllen; doch vergebens. Wohl rieselten einige Quellen vom Berge herunter, doch lief das Wasser so spärlich und war überdiess so schmutzig, dass wir nur im äussersten Nothfalle davon hätten Gebrauch machen können. Wir segelten nun nach den Bastian-Inseln, die auf den bisherigen Karten nicht verzeichnet waren, theils um weiter nach frischem Wasser zu suchen, theils um sie aufzunehmen.

Die Strömung, die bei Thumb Point nicht viel über eine Seemeile in der Stunde läuft, wurde in der Nähe dieser Inseln sehr heftig, das Wasser wirbelte förmlich um die einzelnen Landspitzen herum und zwischen den Inseln hindurch. In Folge davon war das Eistreiben hier bedeutend stärker als an der westlichen Seite, wo wir mit dem Schiffe lagen. Grosse, mächtige Schollen waren in starker rotirender und fortschreitender Bewegung und wurden oft krachend gegen Blöcke, die auf dem Grunde festlagen, geschleudert, wo sie sich steil aufrichteten, um dann mit donnerndem Geräusche zerschmettert ins Meer zurückzufallen.

Nie hatte ich etwas Ähnliches gesehen; es war ein grossartiger Anblick. Wir hatten Mühe, uns mit dem Boote hindurch zu winden, und mussten uns sehr vor den gestrandeten Blöcken in Acht nehmen. Durch geschicktes Steuern gelang es uns indess bald, dicht unter Land bei der Insel anzukommen, die von Dr. Petermann's langjährigem Freunde Henry Lange benannt worden ist. Steile Klippen starrten uns überall entgegen, doch fanden wir eine ganz kleine Einbucht, we wir das Boot sicher festlegen und landen konnten.

Wir kletterten die etwa 50 Fuss hohen, steilen und wild aussehenden Felsen hinauf und konnten nun unsere Umgebung etwas näher betrachten. Eine traurigere und ödere Gegend kann man sich nicht wohl vorstellen: überall nackte, wild über einander geworfene, dunkele Felsen ohne eine Spur von Erde oder Vegetation. Alles war todt und öde. Die Kanäle zwischen den einzelnen Inseln, wenigstens den östlich gelegenen, waren mit Eis ausgefüllt, dessen blendend weisse Farbe einen seltsamen Contrast gegen die düsteren Klippen bildete; auch weiter nach Süden zu war nur eine ununterbrochene Eisfläche zu sehen, die offenbar mit dem Festlande zusammenhing.

An der Südseite der Henry Lange-Insel entdeckten wir zwischen den Klippen in nicht allzu grosser Höhe über der Meeresoberfläche ein schönes Wasserbassin, allerdings mit einer zwei- bis dreizölligen Eiskruste bedeckt, aber ziemlich gross und tief genug, um auf schönes Wasser schliessen zu lassen. Wir schlugen in der Mitte ein Loch und fanden das Wasser krystallrein und wohlschmeckend. Es war allerdings mit grossen Schwierigkeiten verbunden, hier die Fässer hinauf zu schaffen und zu füllen, und es schien uns erst kaum ausführbar, doch bei näherer Untersuchung fanden wir dicht dabei eine gute und geschützte Stelle für das Anlegen des Bootes und die Felsen allmählich und platt aufsteigend. Ich gab daher Herrn Sengstacke, der bei mir war, die nöthigen Anweisungen, um noch an demselben Nachmittag hier einige Fässer mit Wasser zu füllen.

Da nichts Bemerkenswerthes weiter in dieser Einöde zu sehen war, was uns hätte einladen können, noch länger zu verweilen, so kehrten wir bald wieder an Bord zurück. Die Tiefe des Meeres ist überall beträchtlich in der Nähe dieser Inseln; ich fand in Bootslänge von den Klippen 7 Faden und etwas weiter ab 15 bis 20 Faden.

Am folgenden Morgen (2. September) fuhr ich nach Kap Ule, wo ich Behufs Aufnahme der südlichen Hälfte der Wilhelm-Insel eine Basis mass und Peilungen nach den Inseln und hervorragenden Punkten des Landes nahm. Weiter in die Bai hinein war ausser den Blöcken, die sich beinahe unausgesetzt von dem grossen Hochstetter-Gletscher loslösten, wenig Treibeis zu sehen, und wenn wir noch einen geschützten Ankerplatz nöthig gehabt hätten, so hätten wir hier nur hinein segeln und eben hinter der Landspitze ankern können.

Ich hatte die Absicht, meine Untersuchungen noch weiter auszudehnen, doch kam gegen Mittag die Sonne so schön durch, dass ich an Bord zurückkehrte, um vorerst astronomische Ortsbestimmungen zu machen. Aus einer sehr guten Meridianhöhe ergab sich die Breite von Thumb Point zu 79° 2',1 N. Nachmittags nahm Herr Hildebrandt eine Reihe von Sonnenhöhen, woraus wir nach unserem Chronometer die Länge zu 21° 4' Ö. fanden. Die Deklination des Kompasses ergab sich zu 10° 24' W.

Nachmittags bestieg ich den mehr als 1000 Fuss hohen Berg am Kap, um nach dem Zustande des Eises zu sehen.

Obgleich an dieser Seite vollständig frei von Schnee und Eis, war doch das Ersteigen wegen des durchgeweichten lehmigen Bodens und der theilweis steilen Abhänge eine mühsame Arbeit und erforderte über eine Stunde Zeit. Oben auf dem Kamme des Berges lag einige Fuss hoch alter zusammengefrorener Schnee.

Es war ein klarer Tag und vorzüglich nach Süden und SO. genoss ich eine sehr weite Aussicht. Mehr nach Osten zu und nördlich über die Hinlopen-Strasse hin war es indess nebelig, so dass ich kaum Kap Torell erkennen, von Gillis-Land aber keine Spur entdecken konnte. Die hohen Berge von Barents-Land waren deutlich zu sehen. In Unicorn-Bai zeigte sich offenes, wenigstens gut schiffbares Wasser einige Meilen nach Osten zu, doch war rund umher nirgends eine, wenn auch noch so schmale, Verbindung mit dem offenen Wasser der Hinlopen-Strasse zu entdecken. Das Eis lag fest zwischen dem Weissen Berge und den Bastian-Inseln und ging von hier in einem grossen Bogen ununterbrochen fort bis einige Meilen östlich von Kap Oetker. Auch nach Süden zu am Barents-Lande war, so weit das Auge sehen konnte, kein offenes Wasser zu entdecken.

Nach meiner ungefähren Schätzung stand das feste Eis etwa bis zum 22. Längengrade, westwärts davon war es aufgebrochen und zwischen den Flarden zeigten sich viele schiffbare Kanäle, die nach der Strasse zu sich mehr und mehr erweiterten. Meine Hoffnungen, noch ostwärts vom Barents-Lande durchzukommen, waren durch diesen Anblick niedergeschlagen, da es nahezu unmöglich schien, dass binnen der kurzen Zeit von wenigen Tagen, die wir hier noch mit Sicherheit verweilen konnten, solche compakte Eismassen hinreichend aufbrechen würden, um uns einen Durchgang zu gestatten.

Kapitän Tobiesen, der mich begleitet hatte, theilte meine Meinung vollkommen, hielt es aber noch für wahrscheinlich, dass das Eis zwischen den Bastian-Inseln und dem Weissen Berge, welches bereits einige Spuren des Verfalls zeigte, im Laufe der nächsten Tage aufbrechen würde, falls nämlich Süd-Wind und Regen einträten. Geschah dies, so war ein Zugang zur Unicorn-Bai und damit zum Helis-Sunde geöffnet, und Tobiesen rieth mir, dann diesen Weg einzuschlagen, wir könnten dann in Gesellschaft nach dem Wijdejans-Water steuern. In wie weit es aber den Zwecken der Expedition entsprechen könnte, Gegenden zu befahren, die bereits von den Schweden erforscht waren, und noch dazu in einer Jahreszeit, wo man doch nicht viel mehr thun könnte, als auf die Sicherheit des Schiffes Bedacht zu nehmen, war mir noch nicht ganz klar. Indess wollte ich jedenfalls noch etwa 8 Tage daran wenden, wir hatten ja vorläufig noch genug mit der Aufnahme der umliegenden Küste zu thun. Übrigens leuchtete es mir von Tag zu Tag mehr ein, dass die Jahreszeit für Erforschungen und Entdeckungen in dieser Gegend für ein Segelschiff bald vorüber war. Meistens war das Wetter dick von Schnee und Nebel, und wenn ausnahmsweise ein schöner klarer Tag kam, so konnte man ziemlich sicher auf Windstille rechnen und deshalb mit dem Schiffe nicht vorwärts kommen.

Während unseres ganzen Aufenthaltes in der Hinlopen-Strasse hatten wir nur sehr wenige Tage gehabt, an denen wir namhafte Distanzen hätten absegeln können. Zudem wurden die Nächte zusehends dunkler und die Sonne beschrieb immer kleinere Bogen am Himmel.

Das Land im Westen von uns bot einen wenig erquicklichen Anblick dar, es war eigentlich Nichts als Schnee und Eis, beinahe eine einzige ungeheuere Gletschermasse. Der Weisse Berg trug seinen Namen ganz mit Recht, denn auch nicht eine einzige vom Schnee freie Stelle war darauf sichtbar. Die Berge am Barents-Lande waren ebenfalls mit Schnee bedeckt und das Innere vergletschert. Die Westküste von Spitzbergen ist ein wahres Paradies gegen diese traurigen, beinahe ununterbrochenen Eiswüsten an der Ostküste.

Am 3. September war wieder nebeliges Wetter, aber windstill, nur bisweilen kam ein leiser Zug von den Bergen herunter. Ich machte eine Exkursion mit dem Boote in die Bai hinein, um den Verlauf derselben zu mappiren und zugleich die Richtigkeit der Aussagen der Walrossjäger, dass vom Innern der Björn-Bai aus eine Wasserverbindung mit der Hinlopen-Strasse existire, zu constatiren. Wir fanden auch westlich der Björn-Bai eine Strasse, die somit das Land, was wir in den letzten Tagen verweilt hatten, als Insel nachweist. Die Strasse biegt allmählich nach Norden um und ist an der engsten Stelle nicht über eine Seemeile breit. Nach einer zurückgelegten Distanz von 9 Seemeilen kamen wir an ein Vorgebirge, von dem aus den Land plötzlich nach Osten einbiegt und dadurch die Strasse bedeutend erweitert.

Wir waren Anfangs der Meinung, wir wären schon in der Hinlopen-Strasse, aber dieses erwies sich als eine Täuschung. Ein sehr hoher Berg peilte nach N. 8° O. (rechtweis.), etwa 1½ Seemeilen entfernt, und auch das westliche Ufer streckte sich noch weiter nach Norden. Eine feste Eisdecke, die etwa eine Seemeile von uns entfernt lag, verband beide Ufer; wie weit dieselbe reichte, konnten wir wegen des Nebels nicht erkennen, der ziemlich dicht über dem Eise und den Bergen hing. Eben dieses Nebels wegen war auch vorläufig an eine weitere Untersuchung nicht zu denken; dass aber wirklich eine durchgehende Strasse existirt, daran konnte man wohl nicht mehr zweifeln.

Wir fanden nämlich an der Nordseite des Vorgebirges eine grosse Menge Treibholz, welches entweder durch Seegang oder noch wahrscheinlicher durch das treibende Eis auf die Klippen geworfen und über 20 Fuss hoch aufgehäuft war. Dieses Treibholz war offenbar von Norden her gekommen. Ausserdem bemerkten wir beim Verweilen an einem der nächsten Landvorsprünge, dass die Strömung sehr stark nördlich setzte, während das Wasser fiel; es war also Ebbstrom, ein deutlicher Beweis, dass wir uns nicht in einer geschlossenen Bai befanden. Wegen des dichten Nebels kehrten wir jetzt auf demselben Wege an Bord zurück.

Am 4. September lag noch immer dichter Nebel und herrschte eine totale Windstille. An eine weitere Untersuchung des Landes oder ein Übersegeln nach den Bastian-Inseln, wie es meine Absicht gewesen war, konnten wir nicht denken, wir mussten unthätig vor Anker bleiben. Erst gegen Mittag hellte sich die Luft ein wenig auf und die Sonne kam durch. Ich schickte deshalb die Herren Hildebrandt und Sengstake mit dem Boote fort, um den Eingang der Strasse von Norden her zu suchen und die hervorspringenden Landspitzen durch Peilungen festzulegen.

Die Berge fielen an der Nordseite der Insel Anfangs steil ab, so dass keine genauen Peilungen ausgeführt werden konnten; erst weiterhin wurde das Land etwas flacher und konnte etwas sorgfältiger untersucht werden. Es war im Ganzen genommen eine traurige Öde, überall Schnee und Eis und kahle Klippen, nirgends eine Spur von Vegetation. Endlich kamen sie an einen Vorsprung, wo das Land plötzlich nach Süden umbog, und es war hier offenbar der Eingang der Strasse gefunden; doch das Eis, welches ich schon von Süden her gesehen hatte, lag von hier ab fast zwischen beiden Ufern. Das Wetter war wieder nebelig geworden, so dass sie selbst vom Berge aus das offene Wasser der Strasse nicht sehen konnten. Gleichwohl waren sie der festen Überzeugung, dass offene Wasser könne nicht sehr weit entfernt sein, und da sie ohnedies den weiteren Verlauf der Strasse noch mit aufzeichnen wollten, so wurde das Boot aufs Eis gezogen und längs des Landes weiter geschleppt.

Hinsichtlich der Entfernung hatten sie sich leider etwas getäuscht, es waren mehrere Seemeilen und es gelang ihnen erst nach achtstündiger, beinahe ununterbrochener Arbeit, das offene Wasser der Strasse zu erreichen. Unglücklicher Weise war es während der ganzen Zeit so nebelig und ausserdem mitten in der Nacht, dass sie vom Lande wenig oder gar Nichts sehen konnten, daher die Resultate den grossen Anstrengungen und Mühen wenig entsprachen.

Das feste Eis bestand, wie Hildebrandt erzählte, an der Aussenseite aus Baieis, weiter nach innen zu aber augenscheinlich aus dickerem alten Eise, so dass in den letzteren Jahren die Strasse sicher nicht schiffbar gewesen sein kann. In dem offenen Theile der Strasse waren nur Gletscherblöcke sichtbar, die theils trieben, theils auch auf dem Grunde festsassen. Abgemattet und müde erreichten sie um 4 Uhr Morgens wieder das Schiff. Nach den Peilungen Herrn Hildebrandt's ist die Nordseite der Insel und der nördliche Theil der Strasse auf der Karte niedergelegt. Da keine Basis gemessen werden konnte und die zurückgelegten Distanzen nur geschätzt werden mussten, das Wetter überdiess sehr nebelig war, so kann selbstverständlich von einer grossen Genauigkeit keine Rede sein und es gelang uns auch später leider nicht, hier die Beobachtungen zu wiederholen. Über den südlichen Theil der Insel bemerke ich noch, dass hier, wenn auch nur äusserst roh, eine Basis gemessen und danach eine kleine Triangulation ausgeführt wurde, welche die Hauptpunkte einigermaassen genau bestimmte. Die zwischenliegenden Küstenlinien sind nach dem Auge eingezeichnet. Von den Bastian-Inseln sind nur einige Punkte nach Peilungen von Thumb Point und der nächsten Landspitze niedergelegt, der grössere Theil derselben aber nur nach einer rohen Zeichnung vom Berge aus.

Die Bismarck-Strasse ist überall tief genug, um sie selbst mit dem grössten Schiffe passiren zu können, und Gefahren für die Schifffahrt sind hier, wie auch an allen von uns besuchten Theilen der Küste, gar nicht vorhanden. Der letzte Ankerplatz findet sich unmittelbar südlich vom Berge Thumb Point, peilend NNO. (missweis.), etwa $1/4$ Seemeile entfernt, in drei Faden Wasser. Da sie wohl niemals Seegang steht, so ist es rathsam, das Schiff auf so flaches Wasser zu legen, wie der Tiefgang desselben es nur eben gestattet, indem man dann den grossen, tief gehenden Schollen nicht ausgesetzt ist. Will man tiefer in die Bai hinein segeln, so darf man sich der nächsten Landspitze nicht zu sehr nähern; die Tiefe des Wassers nimmt hier nur ausserordentlich langsam zu, unmittelbar hinter der Landspitze hat man indess wieder drei Faden Wasser und findet hier abermals einen guten Ankergrund. Im engsten Theile der Strasse hat man selbst dicht unter Land mindestens eine Tiefe von 6 bis 7 Faden an der Westseite, dicht unter den Gletschern und steilen Bergen noch bedeutend mehr.

Die Gezeiten laufen mit grosser Geschwindigkeit in der Strasse und zwischen den Inseln, und zwar kommt der Fluthstrom von NW., der Ebbstrom von SO. Bei Thumb Point hatten wir leider keine Gelegenheit, genaue Beobachtungen über die Hafenzeit anzustellen, da wir zu sehr mit anderen Arbeiten und der Sicherheit des Schiffes beschäftigt waren; doch stellte sich ganz entschieden heraus, dass die Fluthwelle hier um mehr als eine halbe Stunde später eintrifft wie in der Augusta Bucht, wo sich im Mittel aus mehreren Beobachtungen die Zeit des Hochwassers bei Neu- und Vollmond zu $4^h\ 40^m$ ergab [1]).

Am 5. und 6. September war das Wetter ebenfalls sehr dick von Nebel und Regen und wir konnten weder Excursionen machen, noch auch mit dem Schiffe die südlich gelegenen Inseln untersuchen. Nachmittags erhob sich eine frische Brise aus SO., wodurch so viel Treibeis in die Bai herein gesetzt wurde, dass wir fortwährend die grösste Aufmerksamkeit darauf verwenden mussten, um nur das Schiff vom Eise frei zu halten. Unser Ankerplatz fing an, unsicher zu werden, doch wollte ich nicht gern die Position aufgeben, weil ich noch immer auf einige gute Tage hoffte, an denen Beobachtungen gemacht werden könnten. Der Wind verstärkte sich indess im Laufe der Nacht, das Eistreiben wurde mit jeder Gezeit heftiger und die Schollen füllten allmählich die ganze Bai an. Wir waren nahe daran, eingeschlossen zu werden, womit natürlich die Gefahr verbunden war, nicht allein Anker und Kette zu verlieren, sondern auch in Folge des heftigen Stromes auf den Strand geworfen zu werden. Es blieb daher Nichts weiter übrig, als getrost unter Segel zu gehen und aus der ungastlichen Bai heraus zu kreuzen.

7. September. Es wehte eine steife Brise, der Regen goss in Strömen herunter und der Nebel war so dick, dass wir den nahe liegenden Berg schon beim ersten Gang aus Sicht verloren. Das kümmerte uns aber wenig, wir kannten unsere Position und setzten daher alle nur dienlichen Segel ein, um so bald wie möglich den geschützten Ankerplatz in der Bucht zu erreichen, ehe uns der Zugang durch das Eis, welches mit dem heftigen Winde in Massen in die Strasse eintrieb, erschwert oder gar versperrt werden konnte. Wir passirten einige kleine Eisberge und mehrere grosse Flarden Baieis, wurden aber selten gezwungen, von unserem Kurse abzuweichen, und bekamen schon nach einigen Stunden die Inseln in Sicht.

Zwischen denselben und Kap Oetker lag schon Alles wie vorauszusehen, gestopft voll von Eis und die Flarden waren bereits bis zur Landspitze der Bucht vorgeschoben. Wir wandten uns indess noch ohne besondere Schwierigkeit durch und lagen um 2 Uhr Nachmittags völlig sicher in der Bucht vor Anker.

Es war in der That hohe Zeit, denn ein schwerer Sturm aus Osten brach herein und es wäre in der Strasse zwischen den treibenden Eisstrecken nicht mehr ganz angenehm gewesen. Wir strichen die Raen an Deck, gaben dem Anker genügende Kette und bargen uns dann in unserer Kajüte, wo wir das Wetter in grösster Behaglichkeit über uns austoben lassen konnten.

Unser Freund und Genosse, Kapitän Tobiesen, war ebenfalls am Vormittage hier vor Anker gegangen. Er hatte in den letzten Tagen zwischen den Süd-Waygat-Inseln gekreuzt, aber wenig oder Nichts mehr gefangen. Ich lud ihn zum Abendessen ein, bei welcher Gelegenheit wir unsere Meinungen über Wind und Wetter, über das Eis und unsere Absichten in Bezug auf die nächsten zu unternehmenden Schritte frei austauschten. Tobiesen war der Ansicht, dass dieser heftige Ostwind und Regen vielleicht noch das Eis zwischen Unicorn-Bai und den Inseln aufbrechen und dadurch einen Zugang zum Hells-Sund bahnen würden. Falls ich mich anschliessen wollte, hätte er wohl die Absicht, sobald der Wind es gestatten würde, einen Versuch zu machen. Ich merkte indess sehr wohl, dass er es mit seinem schwachen Schiffe nicht gern allein riskiren wollte, auch hatte er augenscheinlich keine Lust, noch viel länger in diesen jetzt wirklich unwirthlich werdenden Gegenden zu verweilen. Er traute dem Wetter nicht mehr recht und wagte es kaum, seine Boote auf länger als einen Tag auszuschicken. Ich erinnere mich noch sehr wohl, wie er immer vorher kam und sich nach dem Stande des Barometers erkundigte. „*I should like, what the barometer says, Mister mate, just tell me all about it*", pflegte er zu sagen und auf die Antwort: „*Barometer is rising, Capt. Tobiesen, fine weather to come for the next 24 hours*", eilte er sofort an Bord, ausrufend: „*Thank you! then I will send my boats away directly*".

Aber das gute Wetter wurde in der That eine Seltenheit und es war kaum mehr zu erwarten, dass uns noch irgend Etwas gelingen würde. Ich beschloss gleichwohl, wenn der Wind es gestatten würde, noch einen Versuch zu machen, südwärts durchzukommen, dann aber ohne weiteren Aufenthalt nordwärts zu segeln.

Am nächsten Morgen (8. September) lag ein dichter Nebel, der Wind hatte indessen bedeutend nachgelassen. Die Leute füllten die Wasserfässer am Lande und es wurden alle Vorbereitungen zur Reise getroffen. Nachmittags fuhr ich noch einmal nach der nördlichen Seite der Bucht, um die Peilungen dort zu wiederholen, was mir indess wegen des nebeligen Wetters schlecht genug gelang. Damit fertig machten wir eine Excursion nach den benachbarten Bergen, wo wir vielleicht noch einige Renthiere antreffen und schiessen konnten. Die Gegend ist ganz geeignet für den Aufenthalt dieser Thiere. Flaches angeschwemmtes Land, von mehreren Gletscherbächen durchzogen und mit viel Moos bewachsen, dehnt sich etwa

---

[1]) An eine grosse Genauigkeit kann hier selbstverständlich nicht gedacht werden, da hauptsächlich durch das Eistreiben oft Unregelmässigkeit im Eintreten des Hochwassers Statt findet.

eine Seemeile vom Ufer nach Norden aus, wo die nicht sehr hohen Berge allmählich aufsteigen. Hinter dem nordwestlichsten Berge findet sich noch ein kleines Thal, welches man wirklich anmuthig hätte nennen können, wenn es nur im Geringsten mit Bäumen und Gesträuchen bewachsen gewesen wäre, der wellenförmige Boden trug indess Nichts als Flechten und Moose und die riesigen Gletscher im Hintergrunde erinnerten nur zu sehr daran, in welcher unwirthlichen Gegend wir uns befanden. Von Renthieren war keine Spur zu sehen, obgleich wir mehrere Geweihe und auch einen Schädel fanden. Wahrscheinlich ziehen sich die Thiere im Spätsommer und Herbst mehr in das Innere zurück und sind nur in der besten Sommerzeit dicht an den Küsten anzutreffen. Der Norweger, dem wir unsere Briefe mitgaben, hatte an derselben Stelle an einem einzigen Tage sieben Renthiere geschossen und war der Meinung, dass gerade das Thal sehr viel von diesen Thieren besucht würde. Wir kehrten ohne irgend welche Jagdbeute Abends an Bord zurück.

Am 9. September war das Wetter schön, die Sonne schien hell, leider aber war wieder totale Windstille, so dass wir nicht unter Segel gehen konnten. Mit gekürzter Kette und stehenden Segeln lagen wir den ganzen Tag, immer auf einen Luftzug wartend, aber vergebens. Während der Nacht hatte sich sehr viel junges Eis in der Bucht gebildet und es fror bei der Windstille selbst am hellen Mittage. Der Winter stand vor der Thür, das konnte nicht mehr geleugnet werden, und wir hatten alle nachgerade die Überzeugung gewonnen, dass wir mit einem Segelschiffe hier unsere Reise in keiner Weise mehr fördern konnten. Wohl war es möglich, ja sogar wahrscheinlich, dass die Äquinoktialstürme das bereits morsch gewordene Eis noch etwas zertrümmern und sich überall noch freies Wasser bilden würde, aber mit einem Segelschiffe dann noch auf Entdeckungen auszugehen, wo man lediglich alle Kraft aufbieten muss, um sich bei den Stürmen und dunkelen Nächten vor Schiffbruch zu bewahren, wäre wahrlich Wahnsinn gewesen. Man hätte dann jedenfalls irgendwo überwintern müssen, worauf wir nur im Nothfall eingerichtet waren. Es war vorauszusehen, dass der nächste Wind wie gewöhnlich Schnee und Nebel im Gefolge haben würde. Im Süden bildete sich bereits wieder eine dicke Bank.

Am 10. September Nachmittags um 2 Uhr kam endlich eine leichte Brise aus SO. durch, mit Nebel und Schnee, wie wir erwartet hatten. Der Anker wurde sofort gelichtet, die Segel eingesetzt und längs der Küste nach Norden gesteuert.

Bis gegen 6 Uhr hatten wir eine leichte Brise aus SO. und befanden uns zu der Zeit etwas nordwärts vom Schwarzen Berge; dann trat abermals Windstille ein. Um nicht ganz wieder zurückzutreiben und wegen der bevorstehenden Nacht bugsirten wir das Schiff unter Land. Hier zu ankern, war indess nicht ausführbar; die Berge fallen sehr steil ab und ganz dicht unter Land fanden wir noch mit 25 Faden keinen Grund. Mittlerweile kam eine Brise aus Norden durch, so setzten wir denn alle Segel beim Winde und kreuzten unter Land auf, so gut es gehen wollte. Die Luft wurde dick von Schnee und dadurch die Nacht so dunkel, dass wir auf eine halbe Seemeile das Land nicht mehr erkennen konnten. Wegen des Treibeises, welches noch immer in Menge vorhanden war, musste ein scharfer Ausguck gehalten werden, aber bei aller Vorsicht geriethen wir doch in ein grosses Feld von jungem Eise, welches schon eine solche Stärke hatte, dass wir trotz der frischen Brise bald vollständig feststaken und erst das Eis mit Stangen entzwei schlagen mussten, um uns wieder zu befreien. Wir waren froh, als der Tag (11. September) anbrach und uns wenigstens wieder etwas mehr Helligkeit brachte.

Gegen Mittag hatten wir uns bis zur Lomme-Bai hinauf gearbeitet. Das Wetter war unverändert, der Schnee fiel so dicht und massenhaft, wie ich noch nie etwas Ähnliches erlebt habe, Flocken wie Wallnüsse gross. Die Temperatur war indess nicht so niedrig, wie man es bei einem so scharfen Nordwind erwarten sollte, nämlich nur $-0°,5$ um Mitternacht und $+0°,2$ um Mittag. Wir hatten überhaupt während unseres ganzen Aufenthaltes in der Hinlopen-Strasse keine besonders niedrigen Temperaturen gehabt, nur ein einziges Mal beobachteten wir $-2°,2$ bei völliger Windstille und heiterer Luft, im Allgemeinen war indess die Temperatur mehr über als unter dem Gefrierpunkt.

Von der Lomme-Bai an fanden wir die Strasse nach Norden zu gänzlich frei von Treibeis und konnten ungehindert an der Westseite, die völlig rein von Untiefen ist, aufkreuzen. Das Schneegestöber und der heftige Wind kümmerten uns wenig, wir hatten ja eine klare See vor uns und ein leicht zu regierendes Schiff unter den Füssen. Das Schiff arbeitete zwar nicht mehr so trefflich wie im Anfange der Reise, aber wir kreuzten doch noch ziemlich gut auf und befanden uns am folgenden Mittage (12. September) in der Nähe von Verlegenhook. Der heftige Schneefall hielt bis zum 13. ununterbrochen an. In den letzten Stunden war der Schnee in Schauern von mehr oder weniger langer Dauer gefallen, auch der Wind kam in Stössen und wurde schwächer und es hatte ganz den Anschein, als ob das Wetter für diessmal ausgetobt hätte. Der Wind blies indess nördlich und wir fuhren fort, gegen denselben zu laviren, um noch einmal das nördliche Eis anzulaufen und über das Aussehen desselben zu berichten. Wir befanden uns Mittags auf 80° 19' N. Br. und 14° 40' Ö. L.

Das Wetter wurde schön und die Sonne kam durch; wir liefen über Steuerbordbug noch 30 Meilen in nordöstlicher Richtung und sahen dann bei Sonnenuntergang das Eis, welches vor uns ziemlich dicht lag; die Schollen waren aber nicht von besonderer Grösse und hatten auch nicht mehr das kernige Aussehen wie vor wenigen Monaten. Die untergehende Sonne zeigte uns leider noch einen hellen Eisschein im Norden und es stand daher zu erwarten, dass wir nicht gar lange mehr nach dieser Richtung vordringen könnten. Wir kreuzten indessen, ohne auf Hindernisse zu stossen, noch die ganze Nacht weiter, allerdings bei einer flauen Brise, wo wir wenig Fortgang machen konnten. Am 14. Mittags beobachteten wir die Höhe des unteren Sonnenrandes im Meridian zu 12° 23′, woraus sich die Breite von 80° 42′,5 N. ergab. Die Länge nach Chronometer war 17° 6′ Ö. und die Missweisung des Kompasses 17° 2′ W.

Mit einer flauen Brise segelten wir noch einige Meilen weiter nordwärts, sahen aber bald auch im NW. und Norden das Eis auftauchen. Beim Näherkommen zeigte sich dasselbe nach NW. und West ziemlich dicht, nach Norden jedoch etwas loser und es waren hier wenigstens noch mehrere Meilen schiffbares Wasser vor uns. Um 8 Uhr Abends zog jedoch ein dichter Nebel aus SO. herauf und der Wind haschte mehr an. Die Nacht brach herein und es war unter diesen Umständen natürlich nicht möglich, weiter in das Eis hineinzudringen. Es steht hier folgende Stelle im Tagebuche:

„Bei dem heraufziehenden Nebel und der einbrechenden „Nacht war es natürlich unmöglich, in das Eis hineinzusteuern. „Beizudrehen und auf den Tag oder überhaupt auf klares „Wetter zu warten, nur um vielleicht noch einige Minuten „Nord machen zu können, hielten wir nicht der darauf zu „verwendenden Zeit werth, wir hätten sonst wohl den Breitenparallel 81° 30′ erreichen können. So viel hatten wir „gesehen, dass das Eis bei anhaltenden Nordwinden etwas „aus einander geht und es einem Dampfer bei solcher Gelegenheit wohl möglich sein würde, eben um diese Jahreszeit weiter nach Norden vorzudringen. Mit einem Segelschiff lässt sich indess, wie auch zahllose Versuche gezeigt „haben, hier durchaus Nichts machen, denn gerade dann, „wenn sich das Eis etwas aus einander giebt, nämlich bei „Nordwinden und Windstille, kann ein Segelschiff nicht „nordwärts vordringen. Für uns wäre es ohnediess Unsinn „und mit zu grossem Risiko verbunden gewesen, noch um „diese späte Jahreszeit in das schwere nördliche Eis einzudringen, da unser Schiff bereits zu sehr geschwächt „ist, um noch irgendwie harte Stösse von den Eisschollen, „die nicht zu vermeiden sind, aushalten zu können. Es „war uns nur darum zu thun, die Grenze und das Aussehen „des Eises um diese Jahreszeit festzulegen. Die nördlichste „Grenze ist höchst wahrscheinlich nordwestlich von den „Sieben Inseln, weiter östlich und weiter westlich liegt „das Eis südlicher."

Um 8¼ Uhr wendeten wir uns südwestwärts, um die Rückreise anzutreten. Unsere Position war 81° 4′,5 N. Br. und 16° 23′ Ö. L. Wir steuerten dem Eise entlang, welches sich weit nach SW. und Westen erstreckte, und waren in der Nacht öfters genöthigt zu wenden. Es ergab sich, da wir auch über Backbordbug bei südöstlichem Kurse auf Eis stiessen, dass wir in eine grosse Bucht hineingerathen waren. Erst am Morgen des 15. kamen wir frei von allem Eise und hatten nun eine klare See vor uns.

10. Rückreise. Allgemeine Resultate. Schlussbemerkungen.

Die Rückreise verlief im Allgemeinen wie alle übrigen Seereisen mit der gewöhnlichen Abwechselung von schlechtem und gutem Wetter, nur hier mit dem Unterschiede, dass wir von ersterem verhältnissmässig mehr aufzuweisen hatten und die Sonne nur noch selten die dichten Wolken zu durchdringen vermochte. In den ersten Tagen hatten wir viel mit widrigen Winden zu kämpfen und Schnee und Nebel hinderten jegliche Fernsicht, so dass wir sehr selten einen Blick auf die jetzt vollständig mit Schnee bedeckten Berge Spitzbergens bekamen. Das Letzte, was wir davon sahen, war Vogelhuck, welche Spitze wir am 17. September Mittags OSO. (missweisend) peilten, etwa 25 Seemeilen entfernt. Veränderliche und theils leichte Winde liessen uns in den nächsten Tagen keinen besonderen grossen Fortgang machen, vorzüglich da das Schiff wegen des zersplitterten Steven kaum mehr bei einer flauen Brise durch das Wasser zu bringen war. Endlich bekamen wir aber einen beständigen starken Nordostwind, der uns so schnell aus dem kalten Polarmeere heraus und in ein verhältnissmässig mildes Klima hinein brachte, dass wir den plötzlichen Wechsel der Temperatur Anfangs ordentlich unangenehm empfanden. Wir legten in drei Tagen beinahe 9 Breitengrade zurück. Wenn das Wetter klar war, sahen wir jetzt beinahe in jeder Nacht mehr oder weniger starke Nordlichter, die oft mehrere Stunden den nördlichen Horizont erleuchteten. Ein besonders starkes hatten wir am 27. September Abends auf etwa 61° 30′ N. Br. Dasselbe dauerte die ganze erste Wache, die Zacken

Rückreise. Allgemeine Resultate. Schlussbemerkungen.

schossen bis zum Zenith empor und im Osten und Westen bildeten sich oft starke Krümmungen, die eben so rasch wieder verschwanden. Am 28. September Abends hatten wir die Hellvö-Leuchtthürme in Sicht, das Wetter war aber stürmisch mit heftigem Regen, der Wind kam aus Osten, so dass wir mit doppelt gerefften Segeln beinahe die ganze Nacht liegen mussten, ohne uns dem Lande nähern zu können. Erst um 2 Uhr Morgens hellte sich die Luft auf, der Wind lief nördlich; wir nahmen die Reffe aus den Segeln und steuerten dem Lande zu. Um 7 Uhr Morgens steuerten wir zwischen die Scheeren hinein, passirten die Leuchtthürme und erhielten bald darauf einen Lootsen, der das Schiff Abends 11 Uhr im Hafen von Bergen an Anker brachte.

In Bergen hielten wir uns nicht lange auf. Sobald Nachricht von Deutschland eingelaufen war und ich die Matrosen aus Tromsö abbezahlt und entlassen hatte, gingen wir am 3. Oktober Morgens 6 Uhr wieder unter Segel, um unsere Reise nach der Weser fortzusetzen. Wir sichteten Helgoland am 9. Oktober Mittags, der Wind war indess südlich und leicht, so dass wir uns am anderen Morgen noch einige Meilen unterhalb Wangeroog befanden und auch jetzt noch nicht einmal Aussicht hatten, Bremerhaven im Laufe des Tages zu erreichen. Zu unserer grossen Freude kam uns indess Herrn Rosenthal's Schleppdampfer „Diana" entgegen, der uns ohne Weiteres ins Schlepptau nahm und in wenigen Stunden nach Bremerhaven brachte, wo wir auf eine so grossartige Weise empfangen wurden, wie wir es uns wahrlich niemals hätten träumen lassen.

Hiermit schliesse ich den Bericht über diese erste von Deutschland ausgerüstete Nordpolar-Expedition, doch sei es mir gestattet, noch einige Bemerkungen über ihre Resultate und meine Ansichten über die einzuschlagenden Wege zur weiteren Förderung arktischer Entdeckung hinzuzufügen.

Die Expedition war zurückgekehrt, ohne dass nur eines der grossen Ziele derselben hätte erreicht werden können. Überall waren ihr Hindernisse entgegengetreten, die nicht zu bewältigen gewesen waren. In dieser Beziehung kann sie als eine unglückliche, gänzlich misslungene betrachtet werden, damit ist aber keineswegs gesagt, weder dass sie gänzlich resultatlos geblieben, noch dass der eingeschlagene Weg zur Lösung der Polarfrage ein falscher gewesen wäre. Die meteorologischen Beobachtungen, die Beobachtungen über Temperatur und Strömungen des Meeres, die Lothungen, die Aufnahmen an der Ostküste Spitzbergens, die dort gemachten Sammlungen liefern immerhin einen guten, wenn auch kleinen und unbedeutenden Beitrag zu unserer Kenntniss der Polargegenden und sind für die Wissenschaft nicht ganz ohne Werth. Doch schlage ich diese Resultate ziemlich gering an und weiss, dass sich dieselben in keiner Weise mit denen der Schwedischen Expeditionen messen können, die bedeutend werthvollere Beobachtungen gemacht und der Wissenschaft mehr Dienste geleistet haben, als wir es zu thun vermochten.

Aber wir haben noch etwas Anderes aufzuweisen, was augenblicklich wichtiger ist als die aufgezählten unbedeutenden Resultate für die Wissenschaft, und das ist der Umstand, dass Deutschland endlich auch auf diesem Gebiete in die Reihe der grossen seefahrenden Nationen eingetreten und nicht mehr gesonnen ist, hinter anderen zurückzubleiben. Als eine seefahrende Nation, als eine grosse und mächtige Nation, die sich rühmen darf, auf der Höhe der Kultur und Bildung unserer Zeit zu stehen, ist es unsere Pflicht, uns auch an die Lösung einer Aufgabe zu machen, die seit mehr als 300 Jahren das Ziel und Streben aller übrigen seefahrenden Nationen gewesen ist. Dass wir hierzu den Anfang gemacht, und wenn auch für diessmal erfolglos zurückgekehrt, doch dabei die Ehre unserer jungen Nord-Deutschen Flagge in jeder Weise aufrecht erhalten haben, das allein ist schon Erfolg genug.

Dazu haben wir werthvolle Erfahrungen in dieser eigenthümlichen, mit so vielen Schwierigkeiten verbundenen Schifffahrt gemacht, die in Bezug auf eine zweite, besser und vollständiger ausgerüstete Expedition wohl nicht zu gering anzuschlagen sind. Gerade eine solche zweite Expedition muss die Vortheile dieser ersten vorläufigen, gleichsam pionirenden Expedition erst in das rechte Licht setzen und dann wird sich auch ferner herausstellen, dass der eingeschlagene Weg zur Erreichung des grossen Zieles der richtige war.

Zwar haben wir in diesem Jahre die Ostküste von Grönland nicht erreichen können, haben es auch nicht vermocht, weiter nach Norden vorzudringen, ja kaum so weit wie andere Schiffe vor uns, damit ist aber durchaus noch nicht constatirt, dass eine Erreichung der Küste überhaupt nicht möglich und ein Eindringen in das arktische Centralbecken zu Schiff zu den grössten Unwahrscheinlichkeiten gehöre. Ein einmaliger Versuch und noch dazu mit unzureichenden Mitteln will nicht viel sagen und kann als kein vollgültiger Beweis angenommen werden. Zwar die Schweden behaupten jetzt, gestützt auf die Erfahrungen dieses Jahres, dass man, um den Pol zu erreichen, im Norden von Spitzbergen etwa auf Walden-Insel überwintern und dann im Frühjahr zu Schlitten über das Eis nach Norden vordringen müsse. Ich halte diess für eine sehr subjektive Meinung, die sich durch Nichts weiter begründen lässt, als dass man in der That bis jetzt mit Schiffen im Norden von Spitzbergen nicht weiter hat vordringen können, und wenn ich auch nicht gerade von vorne herein die Möglichkeit leugnen will, auf diesem Wege endlich den geographischen Punkt, nämlich den Pol, erreichen zu können, so möchte ich doch auf einige Umstände aufmerksam machen, die einem solchen Projekt entgegenstehen und weit eher dafür sprechen, vorerst wenigstens arktische Entdeckung noch weiter zu Schiff zu verfolgen.

Mein nächster Grund dafür ist die Beschaffenheit des Eises, die Bewegungen desselben und die Meeresströmungen. Alles Eis zwischen Spitzbergen und Grönland besteht allerdings dem grössten Theile nach nur aus Flächeneis, doch darf man sich darunter nicht glatte zusammenhängende Ebenen denken, auf denen man mit Schlitten verhältnissmässig leicht vordringen könnte, die Oberfläche dieses Eises ist vielmehr mit zahlreichen, oft 20 bis 30 Fuss hohen Eishügeln (Hummocks) bedeckt, überall rauh und uneben und das Eis ist in Flarden und Schollen zerbröckelt, die mehr oder weniger breite Wasserzellen zwischen sich entstehen lassen. Felder von vielen Meilen Ausdehnung mit einer nicht allzu rauhen Oberfläche trifft man allerdings wohl bisweilen an, doch kann man auf einer Schlittenreise über ein tiefes Meer nicht allzu sehr darauf rechnen, vielen solcher Felder hinter einander zu begegnen. Ferner ist das Eis fortwährend in Bewegung, selbst im Winter, wie es die Beobachtungen gezeigt haben, da Schiffe, die noch im Spätherbst im Eise besetzt wurden, mit demselben während des Winters nach Süden trieben. Das Eis setzt sich also auch im Winter um den Pol herum nicht fest; es muss dort ein grosses Meerbecken existiren, wofür auch noch die ungeheuren Tiefen sprechen, die sich, wie die Lothungen der Schweden gezeigt haben, im Norden von Spitzbergen überall vorfinden. Ist aber ein grosses Meerbecken vorhanden, in welchem das Eis auch im Winter treibt und sich nur etwa an den Küsten festsetzt, so ist doch wohl eine natürliche Folge davon, dass dann wegen der fortwährenden Strömung in den Sommermonaten, wo sich kein neues Eis bildet, offene Wasserstrassen zwischen dem Eise entstehen müssen. Die Polarströmung setzt an der Küste von Grönland 10 bis 12 Seemeilen im Etmal südwärts, wie meine eigenen und zahlreiche anderen Beobachtungen genügsam bewiesen haben, der Eisstrom hat dort eine Breite von mindestens 15 bis 20 Deutschen Meilen; an einer bestimmten Stelle fliesst also binnen 24 Stunden eine Eismasse von mindestens 40 Quadratmeilen Oberfläche vorbei und eine eben so grosse Fläche muss doch in derselben Zeit offenbar irgendwo vom Eise befreit werden. Ein im Spätsommer schiffbares Meer um den Pol herum hat sonach allein aus diesen Gründen mindestens eine Wahrscheinlichkeit für sich.

Nun findet sich allerdings im Norden und NW. von Spitzbergen immer, selbst noch im September, eine für Schiffe undurchdringliche Eisbarrière, aber diess kann nicht wohl anders sein, wenn man wieder den Einfluss der Strömungen in Betracht zieht. Der Golfstrom läuft nämlich an der ganzen Westküste von Spitzbergen hinauf, ja ist sogar noch an der Nordküste deutlich erkennbar; hier stösst er mit dem von Nord und NO. kommenden Polarstrome zusammen, taucht höchst wahrscheinlich unter und setzt seinen Lauf noch weiter unterhalb des kalten Stromes fort [1]).

Die Eismassen, die der letztere mit sich führt, werden hier also verhindert, frei nach Süden zu treiben, und eine nothwendige Folge davon ist, dass das Eis sich zusammendrängen und eine Barrière bilden muss, die immer nahezu geschlossen bleibt, so viel freies Wasser sich auch im hohen Norden unmittelbar in der Nähe des Poles bilden mag. Ich würde es daher niemals anrathen, im Norden von Spitzbergen mit einem Schiffe vorzudringen, und aus demselben Grunde ist es auch nicht rathsam, zwischen 80° und 76° N. Br. zu versuchen, westwärts nach der Küste von Grönland durchzudringen; man wird hier ebenfalls in den meisten Fällen auf dicht zusammengepackte Eismassen stossen. Erst wo die beiden Strömungen, der Polarstrom und der Golfstrom, vollständig parallel neben einander laufen und dem Eise eine freie Bewegung gestatten, kann man mit mehr Aussicht auf Erfolg hoffen, den Eisstrom, vorzüglich bei Westwinden, quer zu durchbrechen und die Küste von Grönland zu erreichen.

Dass das zusammengedrängte Packeis im Sommer nicht ganz bis nach dem Pol, ja nicht einmal bis zum 83. Breitenparallel liegt, davon zeugen die Beobachtungen Sir Edward Parry's auf seiner denkwürdigen Schlittenreise im Jahre 1827. Schon als der 82. Breitengrad überschritten war, wurde eine südliche Drift des Eises beobachtet, die sich noch verstärkte, je weiter sie nach Norden vordrangen; das Eis wurde wieder dünner und kleiner, als es bisher gewesen, und auf 82¾°, der höchsten Breite, die erreicht werden konnte, sagt Parry ausdrücklich: „So klein war das Eis jetzt um uns her, dass wir genöthigt waren, für die Nacht um 2 Uhr Morgens den 23. Juli Halt zu machen, da wir uns auf dem einzigen Stücke Eis von dem, das in Sicht war, befanden, dem wir unsere Boote während der Ruhezeit anzuvertrauen wagen durften".

---

[1]) Die angestellten Tieftemperatur-Beobachtungen scheinen für diese Hypothese zu sprechen. Ich konnte leider des Wetters wegen nicht so häufig Beobachtungen anstellen, wie es wohl wünschenswerth gewesen wäre, indess fand ich doch im hohen Norden das warme Wasser in einer bedeutend grösseren Tiefe als weiter südlich auf der Breite der Bären-Insel, wo schon in 60 Faden eine Temperatur von 0° war. Letzteres ist jedenfalls ein Zeichen, dass hier der kalte Nowaja Semlä-Strom unter dem Golfstrome nach Westen fliesst.

So war das Eis auf $82\frac{4}{5}°$ beschaffen [1]).

Parry mochte allerdings wohl gerade ein für Schlittenfahrten sehr ungünstiges Jahr getroffen haben, es hatte in dem Sommer gerade sehr viel geregnet; doch die Rauheit und Unebenheit des Eises, die südliche Drift desselben und die enormen Schwierigkeiten der Fortbewegung bleiben im Wesentlichen dieselben, wenn das Eis auch in den verschiedenen Jahren mehr oder weniger dicht und zerbrochen angetroffen werden mag.

Wer als Seemann Parry's Reise aufmerksam gelesen hat, wird sich sicher nicht mehr für Schlittenfahrten im arktischen Meere begeistern können. Parry selbst spricht sich ganz entschieden gegen eine Wiederholung des Experimentes aus, selbst wenn vorher auf einer hohen Breite überwintert würde und im Frühjahre die Reise begonnen würde. Blosse Schlitten oder leichte Schlittenboote, die von Hunden oder Renthieren gezogen würden, seien durchaus nicht anwendbar, da man immer darauf gefasst sein müsse, auf mehr oder weniger breite Wasserstrassen zu stossen. Auch sei die Beschaffenheit des Eises oft solcher Art und einige Stellen so schwierig zu passiren, dass kein Thier im Stande sein würde, vorwärts zu kommen. Thiere seien jedenfalls mehr ein Hinderniss als eine Hülfe. Der Frühling hätte allerdings das für sich, dass das Eis dann weniger aufgebrochen und der Schnee fester wäre als mitten im Sommer; aber erstlich würde dazu eine Überwinterung nöthig sein, welche die Kraft und Energie der Mannschaft etwas schwächen würde, und zweitens müsste ein bei weitem grösseres Gewicht an warmer Kleidung und Feuerung mitgenommen werden.

Durch die fortwährenden furchtbaren Anstrengungen und das Leben in freier Luft würde überdiess die Kraft der Mannschaft so sehr in Anspruch genommen, dass um ein Drittel mehr Nahrung für Jeden erforderlich wäre als unter gewöhnlichen Umständen, was wiederum die Schwierigkeiten vermehren würde [2]).

Gesetzt auch den Fall, es gelänge, nach den unsäglichsten Anstrengungen wirklich einmal auf diese Weise den Pol zu erreichen, so wäre dadurch meiner Ansicht nach noch wenig gewonnen, da, weil man eben alle Aufmerksamkeit lediglich darauf richten müsste, nur das Leben zu erhalten, und immer aus Mangel an Nahrungsmitteln

---

[1]) Parry, Attempt to reach the north pole, p. 101.
[2]) Parry a. a. O. p. 143—146.

schleunigst wieder umkehren müsste, so gut wie gar keine wissenschaftlichen Beobachtungen, geschweige Sammlungen gemacht werden könnten. Die beiden Hauptvortheile arktischer Expeditionen, nämlich die Erweiterung unserer geographischen Kenntnisse und die Förderung der Nautik nebst der Ausbildung unserer Seeleute, würden bei Schlittenfahrten gänzlich wegfallen und mit Schiffen muss daher die grosse Frage gelöst werden. Nun knüpft sich unser Wissen hauptsächlich an die Erforschung von Land, an die Aufschliessung der Küsten, und deshalb müssen wir diese weiter verfolgen und damit vorerst so weit wie möglich nach Norden vordringen. Grönland erstreckt sich aller Wahrscheinlichkeit nach weit in die arktische Central-Region hinein, und ich bin fest überzeugt, dass mit der gänzlichen Aufschliessung der Küsten dieses Landes zugleich das Geheimniss des Nordpols entschleiert sein wird. Die Ostküste eignet sich sehr wohl dazu, um zu Schiffe daran hinauf zu arbeiten, und ist keineswegs so gänzlich unzugänglich, wie früher wohl behauptet worden ist [1]).

Die grösste Schwierigkeit besteht sicherlich darin, die Eisbarrière zu durchbrechen; ist diess erst einmal gelungen, so wird man bei Beharrlichkeit und Ausdauer und mit einem tüchtigen geeigneten Schiffe jedenfalls während der Monate August und September vorwärts kommen können. Auf eine Überwinterung muss man natürlich immer vorbereitet sein.

Es ist ein grosser Irrthum, wenn man meint, es seien grosse Schiffe erforderlich, um die arktische Entdeckung weiter zu fördern. Gerade das Gegentheil findet Statt; meine eigenen Erfahrungen und die Urtheile der ersten und letzten arktischen Seefahrer [2]) sprechen sich ganz entschieden für kleine Schiffe aus, und zwar je kleiner, desto besser, sowohl wegen ihrer besseren Manövrirfähigkeit als auch ihrer verhältnissmässig viel bedeutenderen Stärke. Da man aber Dampfkraft haben und ausserdem bedeutendes Material und viel Proviant mitnehmen muss, auch genügende Bequemlichkeit für die Besatzung erforderlich ist, so darf man um deswillen nicht gar zu kleine Dimensionen nehmen. Ein 150 bis 200 Tonnen grosses, stark gebautes Schiff, mit Schoonertakelung und einer Hochdruckhülfsmaschine versehen, möchte das geeignetste Schiff sein.

---

[1]) Ich verweise hier auf die betrüglichen Stellen in den Geographischen Mittheilungen, wo dieser Gegenstand ausführlich behandelt ist.
[2]) Scoresby, Account of the Arctic regions, vol. 1, pp. 24—26; John Ross, Arctic expedition 1829—33, introduction, p. XVIII.

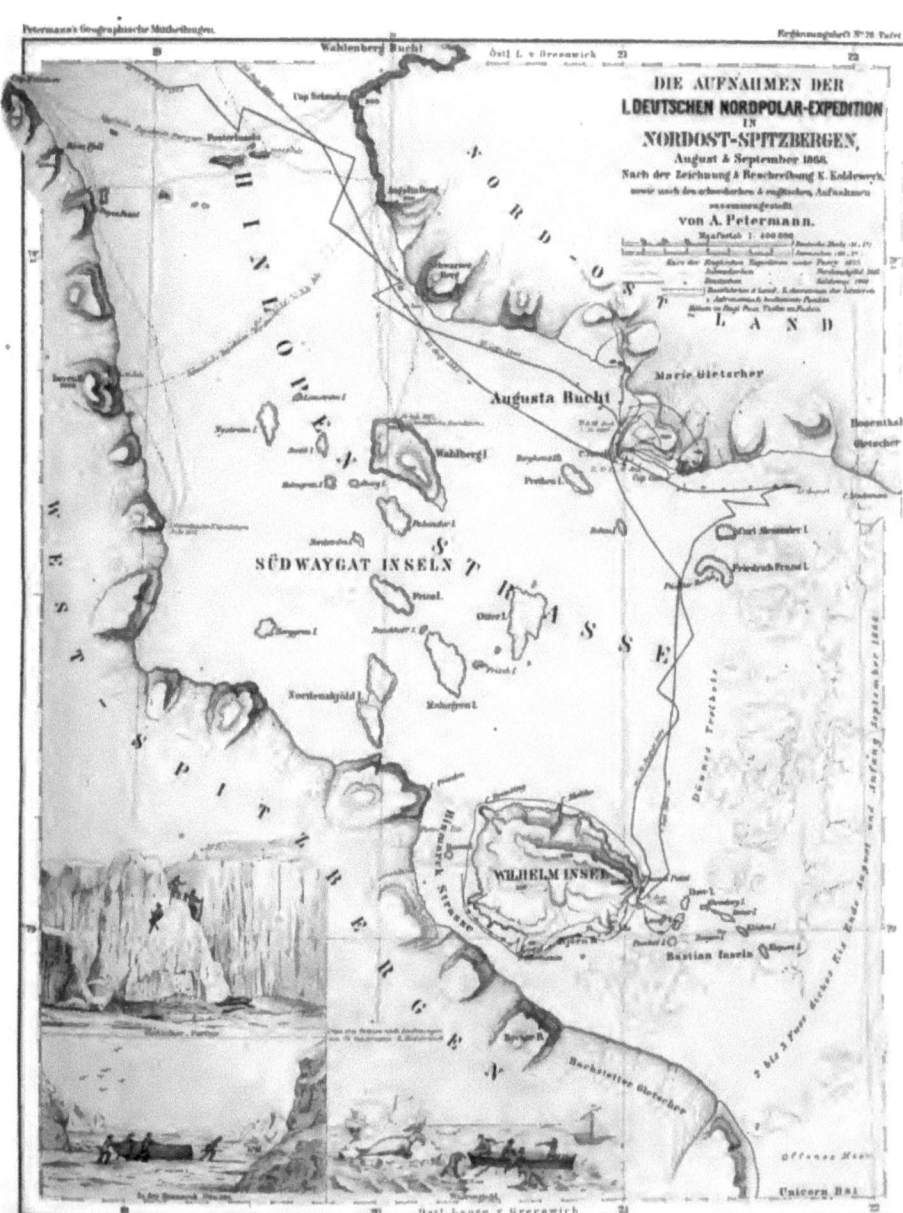